JN166429

参謀の甲子園

小倉清一郎

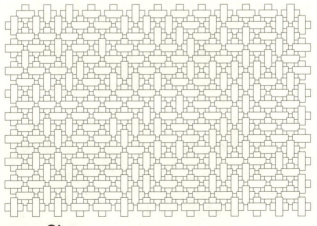

講談社+α文庫
プラスアルファ

参謀の甲子園

横浜高校　常勝の「虎ノ巻」

横浜高校での最後の練習後、盟友・渡辺元智監督と

目次

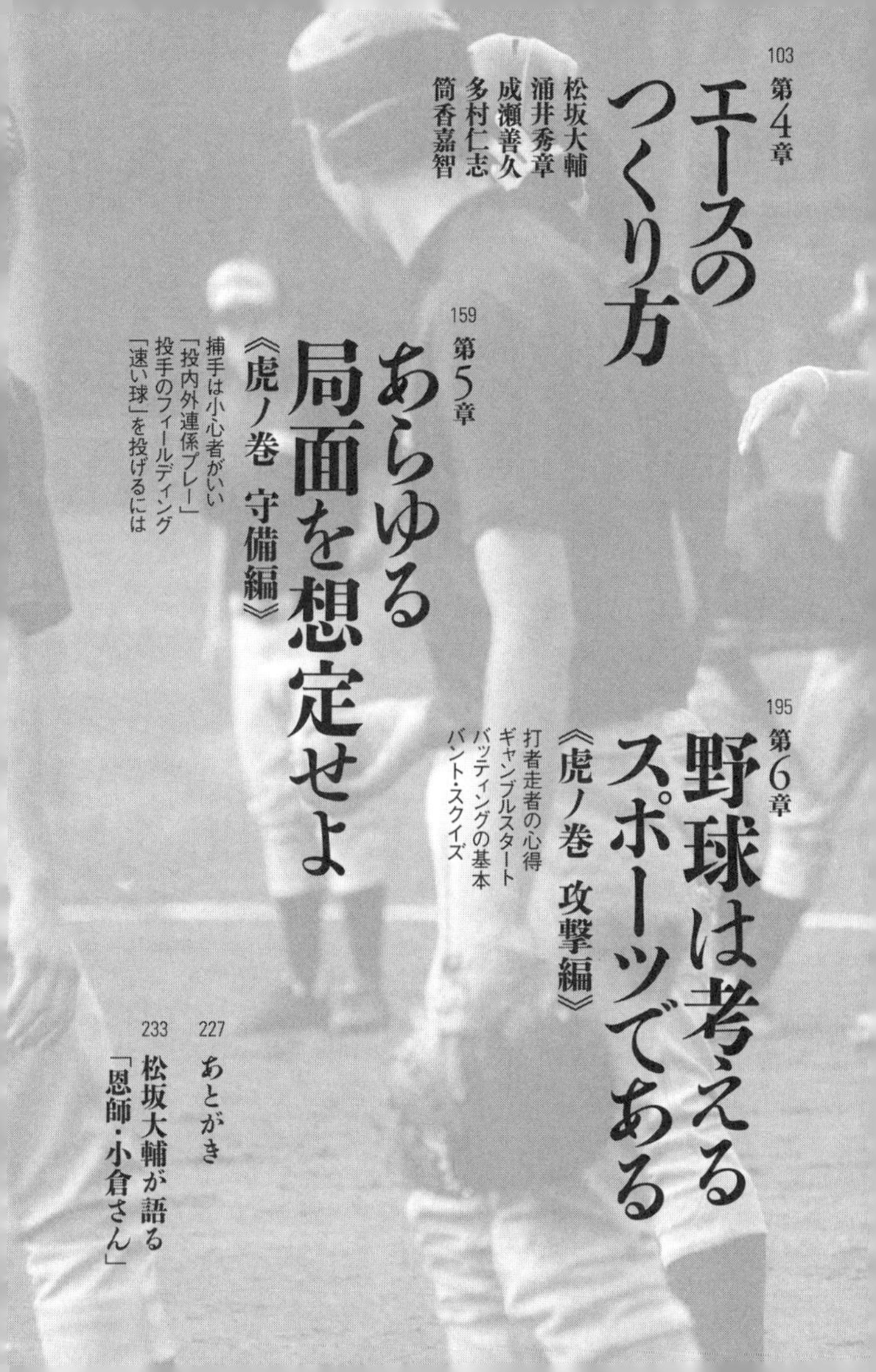

構成　増田和史

まえがき

２０１４年８月限りで、23年間在籍した横浜高校を退任しました。東海大一高、横浜商業（Ｙ校）、そして横浜高校で、高校野球を指導して41年。３校で甲子園に出場した回数は32回。通算勝利数は62勝でした。

これらの記録は、監督としてではなく、黒衣《くろこ》に徹して打ち立てたものです。監督通算１位の智弁和歌山・高嶋仁監督が63勝だから、あと１勝したかった気はしますが、今71歳。ちょうどいい潮時だと思っています。

横浜高校での最後の日、「小倉がいなくなったから弱くなったと言われるのが一番困る。だから頑張るんだぞ！」とみんなにゲキを飛ばしました。

退任して以降は、「フリーの指導者」として全国の高校を巡っています。

神奈川を制する者は全国を制す――。

かつてこう言われた時代がありましたが、今も変わらず、神奈川という地域は全国でも屈指の激戦区です。

横浜高校をはじめ、東海大相模、桐光学園、慶應義塾、横浜隼人など、強豪校が毎年しのぎをけずっています。

神奈川という地域は、高校野球人気が異常に高いのです。夏の決勝戦は、横浜スタジアムが満員札止めになるほどの盛り上がり。それどころか、春・秋の県大会でも、強豪校同士の好カードになると、保土ヶ谷球場（旧保土ヶ谷・神奈川新聞スタジアム）の外野席が開放されるほどの人気ぶりです。

数年前、夏の神奈川大会3回戦で横浜がY校と対戦した日のこと。

試合後、会場から遠く離れた自宅近くの飲食店に立ち寄ると、「あ、小倉さん、今日のY校戦どうだった？」と見知らぬおばちゃんに声をかけられました。世の中の人は普通、県大会3回戦のカードなど、いちいち把握していません。しかし、これが神奈川なのです。

そんな環境で長年やらせてもらった。きつかったことは間違いありませんが、指導者として、勝負師として、恵まれていたと思います。

高校野球への恩返しというとおこがましいかもしれませんが、横浜を去るにあたり、私が人生の全てをかけてきたものを形として残しておきたいと思い、記したのが本書です。

松坂大輔（ソフトバンク）、成瀬善久（ヤクルト）、涌井秀章（ロッテ）、多村仁志（ＤｅＮＡ）、筒香嘉智（ＤｅＮＡ）ら教え子たちとのこと、盟友・渡辺元智《もとのり》監督と30年近くにわたって歩んだ二人三脚の内実、横浜に黄金期をもたらすまでの流転の半生をつづりました。

高校野球ファンはもちろん、全国の野球指導者にも読んでもらえれば幸いです。

第1章

甲子園優勝と「小倉メモ」

延長17回表、PLのエース・上重聡から常盤良太が決勝本塁打

強敵・PLを徹底分析

1998年8月20日、夏の甲子園準々決勝。横浜（東神奈川）はPL学園（南大阪）と対戦した。

両校とも今大会初の第1試合だった。

私は選手に、「試合の4時間前には起きろ」といつも言っている。その日も、8時30分の試合開始に合わせ、4時半に起床させた。

宿舎の前にある護國神社で、恒例の必勝祈願をしてから移動のバスに乗り込む。選手たちは車中でパン、バナナ、牛乳などの朝食を眠そうに口にしていたが、私はもっと眠かった。実は前夜、夜中の2時まで大阪・新地で飲んでいたからである。

PL学園を綿密に分析した「小倉メモ」は、前日にある程度は作成しておいたものの、宿舎の住之江ホテル阪神に戻ってから完成させた。選手には朝、ホテルのロビーで手渡した。ほぼ徹夜だった。

8時の時点で、気温はすでに28度。
今日は暑くなりそうだ――。そう思ったのを覚えている。

サインを読まれている！

横浜は同年春のセンバツ大会で優勝。春夏連覇を狙っていた。

試合の焦点は、横浜のエース・松坂大輔（3年）が、PL打線をいかに抑えるか、だった。

松坂の実力は、私が一番よく知っている。いかに強力なPL打線といえども、簡単に打ち崩されるはずはないと自信を持っていた。

しかし、予想に反して、試合は序盤からPLペースで進んだ。

二回裏、PLの先頭打者の5番・大西宏明（3年＝元近鉄など）が、カーブを待っていたかのように振りぬき、松坂の足元を抜いて二遊間を破るヒット。その後、一死二、三塁となり、8番の稲田学（3年）がまたもやカーブを狙い打ち。これがセンターへの犠飛となり、いとも簡単に先制点を奪われた。

続く9番の松丸文政（3年）には、直球をセンター越えの適時二塁打。これが松丸の甲子園初安打だった。

「おかしいな」

私の中でかすかな疑問が湧いた。

松坂・小山良男（3年＝元中日）のバッテリーも、なぜ打たれるのかわからなかったのだろう。明らかに動揺していた。

二死二塁となって、1番・田中一徳（2年＝元横浜）を迎えたところで松坂がボーク。さらにその田中にも、三遊間を狭くしていた守備網をあざ笑うかのように、ぽっかり空いた二遊間を抜かれた。いきなり3失点である。

松坂の立ち上がりは確かに悪かった。それにしても、こんなに打たれるとは……。PL打線はまるで球種が分かっているかのようにタイミングを合わせ、フルスイングしてきていた。

「何かがおかしい」

疑問はいよいよ強くなった。

その時、ふと三塁方向を見ると、ＰＬ学園の主将で三塁コーチの平石洋介（3年＝元楽天）が、「行け行け！」「狙え狙え！」と不自然な2種類のかけ声を叫んでいる。

「直球か変化球かを教えているな」

すぐにピンときた。平石が「行け行け」と叫んだ時はストレート。「狙え狙え」の時は変化球。ほぼ当たっていた。

問題は、なぜ球種が分かるかである。

私はすぐに、ベンチに帰ってきた捕手の小山に確認した。

「お前、サイン見られてないよな？」

「ちゃんと隠しているから違うと思います」

ならば松坂の投球フォームのクセからバレているのか。

私はベンチにいた山野井成仁（3年）と柴武志（3年）と共に、三塁コーチャーズボックスに立つ平石を観察した。

だ。

違う。松坂じゃない――。

平石がじっと凝視していたのは、捕手だった。小山の構えから見破っていたのだ。

小山はコースに移動する時、直球の時は低く、変化球の時は腰を浮かせ気味に、ヒザを地面につけず足を開いて移動するクセがある。松坂のキレのある変化球に対応しようとして、知らず知らずのうちにそうなっていたのだ。

確かに、悪癖ではある。しかし、それにしても……。ほんのわずかな違いに気付き、味方に合図を送っていた平石には恐れいった。いや、チームとして、それくらい意識の高い野球をやっている、ということだろう。

PL学園とはセンバツの準決勝でも対戦。0―2から八、九回に3点を取って逆転し、3―2で辛くも勝利していた。最初から一番の強敵だと思っていた。

試合に出ていない選手の中に、こういうスペシャリストがいる。PL学園の恐ろしさはこんなところにあった。

今も昔も横浜は、「データ」を重視して戦っている。私が対戦相手を偵察、分析し、数枚の紙にまとめて試合前にナインに配る。「小倉メモ」といわれるものである。

試合前日、全員で3回戦のPL学園対佐賀学園戦のビデオを見た。

私はPL学園の先発投手をエースの上重《かみしげ》聡（3年）ではなく、背番号10の稲田学と予想。前回対戦したセンバツでも、八回途中まで無得点に抑えられた投手だ。球速、変化球、投球のパターンなどをレクチャーした。

稲田の場合、決め球は直前の球を見ればすぐに分かる。直前に内角にくれば勝負球は外角。逆に外角なら決め球は内角。対角線をうまく使う投手だが、意識するあまり、傾向がはっきりデータに表れていた。一方、エースナンバーを背負う上重は、3球続けて同じコースに直球はこない。これを各自が頭に叩き込んで打席に入っていた。

三回まで抑えられていた横浜打線は四回表、2番の加藤重之（3年）が左翼線に二塁打。続いて、自分の構えのせいで松坂が打たれたと責任を感じていた5番の小山が、左翼席に本塁打を放ち2—3とした。

その裏、松坂は不運な当たりなどで1点を失ったが、五回表に横浜は無死一、三塁のチャンスを作り、9番の松本勉（2年）が打席に入った。

ここでPL学園は、なぜか右翼手の井関雅也（3年）が前進守備を敷いてきた。9番打者だから、逆方向へは大きな打球が飛ばないとタカをくっていたのだろう。

「ライトが浅い。ここは右打ちだ」

渡辺監督にサインを出すように言った。指示通り、右打者の松本は右足を引きながら内角球を右方向へ。練習通りの打法で右中間への2点適時三塁打となり、4—4の同点に追い付いた。

三回裏から、小山に直球も変化球も同じ姿勢で受けるように修正したこともあり、松坂は五、六回を三者凡退に抑えた。スピード、キレ共に増し、中盤になってやっといつもの松坂になったのである。

ブルペンでは、序盤から控え投手の袴塚健次（2年）が、渡辺監督の指示で投球練習を行っていた。私は「戻ってこい」と袴塚をベンチに呼んだ。

「松坂が安定してきたから松坂でいく」

そう告げると、袴塚は安心したような表情を見せた。

頭脳戦

七回が終わって4―5。1点を追う八回表、PL学園が信じ難いミスを犯す。二死一塁の場面で、一塁手の三垣勝巳（3年）がすっとベースを離れ、深く守ったのである。これでは投手が牽制をできず、一塁走者は好きなタイミングでスタートを切れることになる。

私は驚き、渡辺監督とこう話した。

「さすがはPL。一塁ランナーをわざと走らせて、キャッチャーからの送球で盗塁をアウトにするつもりなのか。この土壇場で何と高度なプレーをするんだ」

しかし、どうも様子がおかしい。PLベンチの慌て方を見て「これはボーンヘッドだ」と分かった。

2球目、一塁走者の加藤に「走れ」のサイン。だが、ワナだと警戒してなかなか走らない。3球目に「走れっ！」と再びサインを出しても、まだ走れない。

七回表からPL学園は2番手として上重がマウンドに上がっていた。私は上重のクセも読み取っていた。投手は盗塁を警戒し、走者を見続け、目を切ったらすぐにバッターへ向かって投げる。しかし上重は、走者から目を離した後、投球するまでの間が長いのである。しかも、一度目を切ったらもう牽制はない。だから、上重が走者から目を切った瞬間、ランナーはスタートできる。

私は決断できない加藤に苛立った。4球目にやっとスタート。悠々セーフだった。

どうやらPLベンチは、右翼手の井関を深く守らせようと指示したようだが、一塁手の三垣がそれを勘違い。ベースを空けてしまったのだった。

その後、小山の中前打で5—5。試合は振り出しに戻った。

横浜では選手がベンチに質問するサインがある。おかしいと思ったら「本当ですか？」と監督に聞いていいのだ。それでもサインが変わらない場合は、タイムを取って再度確認する約束もある。高校レベルでこんなサインは普通ない。ただ、甲子園で強豪校と対戦する時は、グラウンドとベンチの意思疎通が勝敗を分けることがある。

同点の走者を無視して一塁ベースを空けていいのかという大事な確認。PL学園はそれを怠った。PLベンチから三垣に対し、勘違いを伝える声は飛んでいただろう。しかし甲子園の大歓声の中で、それは届かない。

PL学園の要《かなめ》は、捕手の石橋勇一郎（3年）。センバツで見た時から、「こいつはすごい。日本一の高校生キャッチャーだ」と感心していた。

データを基に配球を組み立てる小山とは違い、打席での打者の雰囲気から配球を考えるタイプ。本能というか、直感でリードをするが、これがまた鋭いのである。

八回表に小山が放った同点適時打で、その石橋が返球を顔に当てて負傷退場。控え捕手の田中雅彦（2年＝ヤクルト）が登場した。

正直、チャンスだと思った。しかし、ことはそう簡単には運ばなかった。

延長にもつれこむ死闘

九回、十回は両校無得点で終わったものの、十一回表、先頭の松坂がヒットで出て、続く小山が送りバント。すかさず柴がタイムリーを放ち、6―5。この試合で初めて、横浜がリードを奪った。この回のPLの攻撃を抑えれば勝てる。松坂にもまだ余力はあり、私はここで決められると感じていた。

しかし、延長十一回裏、先頭の平石がヒットで出塁。左翼の柴にもっと前に守れ、と指示していたがポテンヒットになった。これが痛かった。次の本橋伸一郎（3年）は送りバント。一死二塁で、打席にはPL学園の4番・古畑和彦（3年）。

私は「低めには投げさせるな」と小山に言っていた。

古畑はアッパースイングで前日の佐賀学園戦で低めの変化球をすくい上げて本塁打を打っている。

「高めの直球で勝負しろ」

私の指示はこうだった。3球連続の空振り、三振に仕留めた。

二死二塁となって、5番・大西。ここまで松坂は大西にカーブを2安打されている。カーブには強いというデータもあった。

前夜、私は小山と2人で30分ほど、1回戦のPL学園対八千代松陰（東千葉）戦のビデオを見た。エースの多田野数人《かずひと》（元日本ハムなど）が、松坂と似たタイプだからである。好投手の多田野を攻略したPL打線の封じ方を講じ、指示を出していた。2安打された時点で私は小山にこう言った。

「いいか、大西にはもう絶対にカーブは投げるなよ」

センバツの頃まで、よく小山にレクチャーした。私が「この打者はカーブが苦手」と言うと、松坂にカーブばかり投げさせてしまい、打たれることがあった。

「いいか。ピンチでない時は打たれてもいいんだ。データを使うのはここぞという肝心な時。ピンチの時に苦手なカーブでいかに打ち取るか。そのためにデータはあるんだぞ」

そして、こう付け加えた。

「一人は1試合で4打席。1、2打席目は好きなところに投げて種をまけ」

理由はこうだ。弱点ばかりを狙うと打者だって気付く。逆にそこを狙い始めるだろう。その打者が内角の直球が好きなら、ボール1個外したボール球を投げるのだ。好きなところだから打者は食いつく。ボール球なら打ち損じる可能性が高い。

それなのに……。ここは紛れもなく、勝負どころ。初球、「投げるな」と言っていたカーブのサインをまた出した。大西に適時打を浴びて6—6となった。

その前の4番打者に集中していた小山は、何と無意識のうちにサインを出してしまったという。

「あとアウトひとつのところで、このヤロー!」

私はベンチに帰ってきた小山のところへ近寄った。すると、松坂が私を制し、小山に言った。

「お前、部長にカーブ投げるなって言われなかったっけ?」

私がカッカしているのを松坂が察知し、怒鳴る前に冗談交じりに言ってその場を収めたのだ。

こんな激闘の最中でも、松坂はどこかPL学園との勝負を楽しんでいるところがあった。

松坂大輔の250球

横浜が1点をリードした十六回裏、PL学園は先頭の左打者・田中(一徳)が三遊間を抜く安打で出塁。田中のこの日4本の安打は、全て中堅から左方向だった。

私は田中を最も警戒していた。「直球ならセカンド方向へ打球は飛ばない」というデータがあり、三遊間を極端に狭くするシフトを指示していた。1打席目は作戦通りにショートゴロ。が、2打席目に松坂の制球ミスをセンター前に打たれたことで、遊撃手の佐藤勉（3年）の守備位置がやや二塁寄りになってしまった。結局、田中にことごとく三遊間を抜かれた。私は佐藤に「元のシフトに戻れ」と強く言えなかった。

渡辺監督には好きなようにやらせてもらっている。とはいえ、勝敗の責任を取るのは監督だ。私はためらったのである。

私が監督だったら、二塁と三塁ベースの間に内野手を3人守らせ、松坂には直球しか投げさせなかっただろう。PL戦は、監督でない辛さを一番感じた試合でもあった。

松坂の暴投などで一死三塁。本橋のショートゴロを佐藤が一塁へ送球した瞬間、三塁走者の田中が本塁に突っ込んだ。

「よしっ」

思わず声が出た。遊撃手↓一塁手↓捕手の送球は繰り返し練習している形である。一塁手はベースから離れ、前に出て捕球。本塁をアウトにする、というものだ。

「次は4番なのにPLは焦ったな。完全にアウトだ」

だが、一塁手の後藤武敏（3年＝DeNA）が本塁に投げようとしたその時、打者走者の本橋が一塁にヘッドスライディング。足元をすくわれ、転びそうになって投げた後藤の本塁送球は、捕手・小山の頭のはるか上を越えていった。これには本当に頭に来た。そこまで考えて、練習を積んでいたのに本番でミスが出てしまったのだ。

十六回を終わって7―7。試合はまたも振り出しに戻った。

十七回表、球場中が、横浜ベンチでさえ、延長十八回引き分け再試合を意識し始めていた。しかし、私はそうは思わなかった。ある予感があった。

「常盤《ときわ》が決める。常盤に回せえ～！」

私はベンチでこう叫んだ。

二死一塁の場面、7番の常盤良太（3年）は、打席に入る前にウエイティングサークルからベンチ前でキャッチボールをしていた松坂の元へ走り寄った。

「絶対、勝とうぜ。必ず打つからよ」

常盤は目が慣れた3打席目以降に強い。この試合は途中出場で、十六回の3打席目で安打を放ち、これが4打席目だった。

予感通りにPL学園の上重が投じた初球を常盤が振り抜いた打球は、右中間スタンドに吸い込まれていった。

松坂はこの瞬間、ユニホームの袖で顔を拭っていた。涙か汗かは分からない。

250球を投げ抜いた松坂は、最後の十七回に150キロを超える球を投げた。9―7。時刻は昼の12時7分。試合時間3時間37分が短く感じた。勝った横浜ナインは泣き、負けたPLナインには笑顔が見られた。複雑な思いが交錯した好勝負だった。

横浜（東神奈川）　000　220　010　010　000　12　―9

PL学園（南大阪）　０３０　１００　１００　０１０　０００　１０　−７

準決勝・明徳義塾戦

ＰＬ学園との激戦の後、疲労困憊の松坂は、笑いながら私に言った。

「明日（準決勝）の先発？　ムリムリ。絶対ムリです」

怪物といえども、さすがに翌日の準決勝は投げさせられない。先発は袴塚に決まった。

その夜、明徳義塾（高知）との準決勝に向けて「小倉メモ」をもとにミーティングを行った。だが、ＰＬ学園との激闘の疲れから、みんなボーッとしている。仕方がないとは思ったが、嫌な予感はしていた。

先発の袴塚を送り出す際、私はこう言った。

「五、六回まで3点で抑えれば許してやる」

しかし、明徳打線は甘くなかった。五回途中までで4点を失った。

打線も沈黙した。明徳のエース寺本四郎（3年＝元ロッテ）に3安打に抑え込まれていた。八回表を終わって0―6。前日のPL学園戦で燃え尽きてしまったかのような淡泊さに、珍しく、渡辺監督が選手たちを怒鳴りつけた。

「お前ら勝つ気あんのか！　昨日のPL戦は何だったんだ！」

PLの選手たちのためにも、このまま負けられない。そう奮起した横浜ナインは、そこから怒濤の反撃を始めた。

先頭の加藤が出塁すると、松本、後藤、そして、左翼手として出場していた松坂の3連打で2点。寺本をマウンドから引きずり降ろすと、二番手の高橋一正（3年＝元ヤクルト）がマウンドへ。この継投が明徳義塾の必勝パターンだった。もし寺本が続投していたら、そのまま逃げ切られていた気がする。

なおも横浜打線の勢いが止まらない。代打・柴の左前安打で2点を返し、4―6。甲子園が異様な雰囲気に包まれ始めた。

「横浜、頑張れ〜！　頑張れ、横浜〜！」

スタンドから大合唱が起こった。甲子園のベンチは屋根が短く、スタンドの声援やヤジがよく聞こえる。不甲斐ない試合をしていると、「横浜、何やってんだ～」「渡辺、辞めちまえ～！」と辛辣なものも丸聞こえだが、その分、好ゲームには大声援を送ってくれる。

この日のファンは前日のＰＬ学園戦の激闘を知っている。そのために松坂が投げられないことも――。満員のスタンドが一体となって横浜を応援し始めた。精神的に未熟な高校生にとって、甲子園の大歓声は味方にも敵にもなる。ヒット1本でも本塁打を打ったような大歓声が起きれば、選手たちは後押しされる。一方、明徳義塾はどんどん追い詰められていく。

九回表、甲子園のボルテージは最高潮に達した。

「マ・ツ・ザ・カ！　マ・ツ・ザ・カ！」

観客の「松坂コール」に応え、レフトから走ってきた松坂がマウンドに上がる。明徳の攻撃をたった15球で終わらせると、完全に流れは横浜。九回裏、無死満塁で後藤を迎えた。神奈川大会中に腰を痛め、痛み止めの注射を打ちながら甲子園に臨んでいた男が、執念の中前適時打で同点。2死満塁となって柴が二塁手の後方にポトリと落とした。7―6のサヨナラ勝ちである。明徳ナインは、全員がその場に崩れ落ちた。

明徳義塾（高知）	000	131	010	－6
横浜（東神奈川）	000	000	043×	－7

ノーヒットノーランで決めた優勝

決勝は、松坂より多い奪三振数で勝ち上がってきた京都成章の左腕・古岡基紀（3年）との投げ合いで始まった。

横浜は四回裏、松本の本塁打で先制。続く五回裏には2点目を奪った。

松坂は無失点どころか、無安打無得点に抑えていたが、七回表に振り逃げで走者を出した。この時、渡辺監督はボソリと私に確認した。

「あれって記録は三振だよね?」

「もちろん」

八回表、松坂が先頭打者を四球で歩かせると、すかさずベンチから伝令が走った。記録を意識し始めた松坂が投げ急ぎ、投球テンポが速くなっていた。

「1、2、3で投げるな。投球のリズムは1、2、3、4だ」

指示はこうだったが、誰もが記録のことは口にしないように意識していた。

しかし、マウンドに内野陣が集まった時、こんなやり取りがあったという。遊撃手の佐藤が、松坂にこう語ったのだ。

「ここまで来たんだから、ノーヒットノーランやっちゃえよ!」

野手はみんな、「それ言っちゃダメだろ」と佐藤の顔を見た。

しかし松坂はこう言った。

「あ~あ、言っちゃった」

笑顔だった。これで一斉に笑いが起きて野手の緊張がほぐれた。

続く古岡の送りバントを松坂が二塁フォースアウト。一死一塁となり、詰まった当たりが一、二塁間へ飛んだ。打球は飛びついた一塁手の後藤のグラブの先を抜けた。

「しまった」

一瞬、ひやっとしたが、二塁手の松本がうまく回り込んで一塁へ送球。アウトとなった瞬間、5万5000人の大観衆が「おお〜」と沸いた。

1点を追加し、3—0の九回表、松坂がこの夏に投げた782球目は、外角低めのスライダー。三振でしめた松坂は、後ろを振り向き、ガッツポーズしていた。

京都成章（京都）	000	000	000	—0
横浜（東神奈川）	000	110	01×	—3

決勝戦を59年ぶりのノーヒットノーランで締めくくった横浜は、甲子園春夏連覇を達成。公式戦は無傷の44連勝で、明治神宮大会、神奈川国体と合わせ、4冠を成

し遂げた。

松坂は実に〝勝負事〟に強い男だ。決勝前夜、私は松坂を呼んでこんな話をしていた。

「お前は四球が多いから完全試合はムリか。もし明日ノーヒットノーランをやったら焼き肉をたらふく食わせてやる」

〝賭け〟に勝った松坂は、特上カルビ10人前以上をペロリと一人で平らげた。

第2章

横浜高校 野球部

グラウンド横で、選手に手渡すための「小倉メモ」を書く筆者

「野球学校」ではない

ＰＬ学園との延長十七回など、高校野球史に残る名勝負を演じてきたからか、横浜は全国から選手を集めている「野球学校」だと思われがちだ。だが、実はそうではない。全国的な勧誘網はないし、スカウト活動といっても、私が週末に関東中を駆けずり回って中学生の試合を視察するくらいだ。

ある月にかかった車の高速代は４万円。ガソリン代を入れれば10万円を超える月もザラにある。

「学校名が『横浜』だから、地元選手が６～７割。県外出身者は３～４割まで」という渡辺監督の方針で、この割合は守るようにしていた。

２００７年に「特待生問題」が勃発。野球の能力に優れた高校生を対象に、授業料免除や奨学金の支給などの特典を与える制度が問題視され、禁止された。

当時、横浜高にも特待生部員がいたため、部長の私が謹慎になり、指導ができない時期があった。私の謹慎は1ヵ月で解除されたが、全国的にも私学の部長などが大勢処分され、高校野球界を揺るがす問題に発展した。

同年11月に、日本高等学校野球連盟は改めて「特待生制度」を認めたものの、「各学年5人以下が望まれる」という条件つき。高校側も誰を特待生として入学させたか公表しなければならないことになった。

これにより、いよいよ中学生の勧誘が難しくなった。

「〇〇高校から特待生で誘われている。横浜高校も特待生にしてくれるなら考えてもいい」

そう言い出す親がいたり、「特待生じゃないなら公立に行かせる」と条件を出してくる親が増えた。

かつては10人に目を付ければ5～6人は入学してくれたが、今は3人来てくれればいいほうだ。苦労しているのは横浜だけではない。少子化の影響で私学の経営はどこも厳しいが、取り巻く環境はさらに厳しくなっている。

中学生が高校を選ぶ際、重要な要素が4つ。

1番目は慶應、早稲田実業、日大三高といった「名門の大学付属高校」。中でも日大三は中学生からの人気が非常に高い。

今や早慶もスポーツ推薦を実施している。仮に横浜と慶應が同じ選手を取りにいったとすれば、「どうしてもプロに行きたい」という選手を除けば、まず横浜には来てくれない。

2番目は「女子」がいる共学校。野球がダメでも、女子生徒がいれば高校生活を楽しく過ごせる。あわよくば彼女ができる、なんて考える。昔も多少はあったが、今はさらにその傾向が強い。横浜高は男子校。この点も不利といえる。

3番目は専用グラウンド、寮、食事などの「環境面」。これは他校に負けない自信がある。大事なのは4番目だ。

今どきの中学生とその親は「監督が優しい高校に行きたい」と盛んに言うようになった。こうなると完全にウチはアウト。私は技術面でうるさいし、渡辺監督は精神面でうるさい。口うるさいのが2人もいれば当然、敬遠される。中学生とその親から、「小倉の顔が怖い。見るのもイヤだ」と言われたこともある。

鉄拳制裁は厳禁

確かに、私と渡辺は「うるさい指導者」だ。しかし横浜には、厳しい上下関係はもちろん、鉄拳制裁もない。

ウソだろ？　いや、ウソではない。

人間教育に定評がある渡辺は、「いかなる理由があっても暴力は認めない。もし発覚した場合は即刻、退部」と、部員に毎日のように、それこそ口を酸っぱくして言い続けている。

強豪の天理（奈良）が、部内暴力で2011年夏の予選の出場を辞退した。これはあまりに悲しい。こういったことは、密室の寮で起こることが多い。「監視」ではないが、私と監督がなるべく交代で泊まり込んで、目を光らせるようにしてきた。

他校なら1年坊がするような雑用も、横浜にはあまりない。グラウンド整備ですら、私や渡辺がトンボをつけた車で行っている。そのために、横浜の1年生は動かないという弊害も起きているのだが。

強豪校のなかで、横浜ほど「フレンドリー」なチームはない。たとえば、練習の合間に3年生と2年生がジャンケンをする。負けた3年生が2年生のジュースを買いに行くという、昔なら考えられないことだって今はある。

かつては私も監督も鉄拳制裁で指導していた。指導したとおりにできなければブン殴る。それでも、選手たちとの間に信頼関係があるという自負があった。「オレたちについてこい!」でよかったのだ。

だが、時代が変わり、選手の気質も大きく変わった。今そんなことをやれば、すぐに親が出てきて大騒ぎになる。そもそも、選手たちに強く言っている以上、我々もどんな理由があろうが手は出せない。

「とにかく鉄拳禁止」という時代。さらに少子化の影響で兄弟が少ないから、今の子たちはケンカをしたことがない。親も怒らない。怒られたことがない子たちがウチに来て、私から激しく罵倒されると異常に興奮してしまう。

正直なところ、「もう小倉には辞めて欲しい」とか「小倉がいるならオレたちが辞める」と、いつそういうふうになってもおかしくないと思っていた。

しかし、選手たちだって勝ちたい。甲子園に行きたいから横浜に来た。みんな私がいなきゃ勝てないと知っている。細かいプレーの練習や細かいデータも「こういう場面で必要なんだぞ」と辛抱強く教え、実際にそれが試合で生かされる。それをやらなきゃ、甲子園はもちろん、激戦の神奈川でだって勝てやしないからだ。

「小倉の野郎、うるせえな」と思いながらも、ついてくるしかない。私と選手たちは、そういうギリギリのところでつながっていた。

「気配りの人」渡辺元智監督

とはいえ、私一人では横浜を長年率いることはできなかっただろう。私が「鬼」の部長としていられたのは、監督の渡辺がいたからだ。

渡辺元智監督とは、かれこれ20年以上、二人三脚で戦ってきた。高校の同級生だが、渡辺は監督で私は部長兼コーチだったから、常に向こうが2〜3歳上というつもりで接してきた。そうでないとうまくいかないと思っていた。

私は野球の技術、戦術面を徹底的に選手たちに叩き込む。

一方、人間教育に定評がある渡辺は、主に精神面などを指導し、野球を通じて日々「生き方」を説いている。挨拶の仕方から茶碗の持ち方まで、私生活のありとあらゆるところにまで教育は及ぶ。

一言で言うと渡辺は「気配りの人」。強豪校の監督だから「オレについてこい。ついてこられないなら、やめちまえ」とやっていると思ったら大間違いだ。

たとえば、練習に来なくなった選手がいれば、渡辺は家に何度でも迎えに行く。そして生徒や親と熱心に対話をする。

今どきの選手は、他の若者と同じように、みんな携帯電話を持っている。渡辺は少しでも「おかしいな」と感じたら、選手にメールを送って気持ちを把握しようとしたりもする。実にきめ細かい。同い年だが、私はメールができない。しようとも思わない。選手とピコピコとメールをしている渡辺は心底凄いと思う。

渡辺は「野球教育者」で、私は「野球職人」といったところだろうか。私たち2人は「あうんの呼吸」そのものだ。私がグラウンドで選手を怒鳴り散らして指導している時、渡辺は口を出さない。

一方、渡辺が人生論を説いている時、私は黙っている。お互いの領域には踏み込まない。

実は甲子園期間中も、試合の相談をすることはほとんどない。会話すらあまりない。しかし、意思は通じ合っていた。

若い頃は一緒によく飲み歩いた。最近はそんなこともなくなっていたが、私が辞める前年、2013年の甲子園では、初戦前に久しぶりに2人で食事に出掛けることになった。

渡辺は指導者人生を振り返り、「妻には感謝してもしきれない」としみじみと話していた。私も妻や子供たちには散々苦労をかけたが、渡辺夫人は、これまで何十年間も野球部の寮を切り盛りしてきた。「横浜高校野球部の母」のような存在なのだ。

もともと「65歳になったら辞めよう」と2人で決めていたが、「今投げ出せない」と延長。

我々が67歳の時、中学3年になる渡辺の孫が横浜に入学することになった。父子鷹ならぬ、監督と孫という珍しい関係だった。

孫が卒業するまでは辞められない。そんな渡辺の思いもあり、我々の「延長戦」は2014年夏まで続いたのだ。

私は辞める直前、渡辺とこんな話をすることがよくあった。

「俺たちはいい時代にやって、いい時代に終わったよな」

今どきの選手たちとのギャップがどんどん広がり、手に負えなくなっていたのだ。

昔と今の一番の違いは、貪欲さがない「草食系」部員が増えてしまったこと。試合で打てなかった時、「なぜ打てなかったのか？」「どこが悪いのか？」と誰も聞きに来なくなった。そのまま放置するからまた同じミスをする。成長しない。

たとえば松坂世代は、主力選手がこぞって課題を聞きに来たものだ。意識が高いと言ってしまえばそれまでだが、そういうチームは同じミスをしなくなるから勝てる。だが、今はそういう選手がいると「あいつ、渡辺や小倉にゴマすってんじゃねえか」となる。話にならない。

渡辺監督も私も、少なからず高校野球の実績があると自負している。しかも、そんなベテラン指導者が2人もいるチームは、横浜高のほかにないだろう。

言葉は悪いが、利用しない手はない。我々をどんどん利用して、もっと野球を知って欲しい。もっとうまくなって甲子園で活躍して欲しい。そう思うのに、主力選手が聞きに来ない。そういうチームは下級生も来ない。問題意識がないからチーム力が上がらない。悲しい現象が今、起きている。

カネ集めの苦労

辞める時は一緒だとどこかで思っていた。しかし、同時には辞められなかった。その理由は、さっきも書いたように、渡辺なくして横浜高校野球部が成り立たなかったからだろう。

渡辺は私に野球の指導に専念させてくれた。だが私のように野球の技術を教える者だけでは、部は運営できない。その理由は、人間教育ができないからだけではない。部の運営には、金がかかるからだ。

横浜高校は甲子園常連校だから、資金も潤沢にあると思われがちだ。だが、それは違う。野球部の成績に学校は一切口出しをしない代わりに、金銭面もシビアなのだ。

学校からの支給は年間「60万円」。これはバットやベースなどの備品を買い替えたら終わってしまう額だ。全国では300万～500万円を学校が補助する強豪校もある。真偽は定かでないが、かつて全盛期だった頃のPL学園は、500万円以上だったと聞いたことがある。

「親に負担をかけない」という学校方針で、部費も月に「1000円」に抑えている。年間1万円を超える程度だから、他校と比べると格段に安い。他校では、だいたい月5000円が相場。少子化で部員が少ない今どき、少年野球でも月に1万円なんてザラだ。部員が卒業していく時、父母は「横浜高校は私立なのに、こんなにお金がかからない野球部は聞いたことがありません」と一様に語る。

ボール代だけでも毎年100万円ほどかかる。甲子園に出場すると、プロ野球選手になったOBが寄付を申し出てくれるため、「とにかくボールを頼む」と依頼したものだ。

グラウンドの芝生の維持にも100万円。年末になると私は部員と一緒にバックスクリーンなどのペンキ塗りをやった。もちろん経費削減のためだ。学校からの支給額である60万円では、普通にやっていたら大赤字になってしまう。

だからこそ、渡辺は長年、野球部を支えるために金策に奔走していた。夕方、私に「絶対に殴るなよ」と言い残して練習を早退すると、横浜の企業の社長などが集う「横浜友達会」の会合に頻繁に顔を出す。財界人との人脈を築き、金銭面から野球部を応援してもらうためだ。

横浜高校野球部1期生の寺院関係者とも深く付き合っていた。位の高い僧侶であるだけでなく、有力OBで大先輩でもある。誘いには二つ返事で応じ、朝まで杯を酌み交わすこともたびたびあった。翌日は授業も練習もあるというのに、渡辺は嫌な顔ひとつせず付き合っていた。おかげで、この高僧は長く援助してくれた。

選手寮の食事の材料を仕入れている横浜の市場も、渡辺との関係で通常より何割も安くしてくれる。野球部後援会長との付き合いも深い。

酒席が苦手な私には絶対にできない。いつも頭が下がる思いで渡辺を見ていた。

彼が人格者といわれる所以《ゆえん》は、こういう「裏の顔」にもあると思う。

小倉メモ

そんな渡辺と私の理想。それは「ノーサイン野球」だ。指示されてやるのではなく、選手たちが自主的に判断する。これができれば強い。松坂世代は理想の8割までいけた。

選手の自主性を高めるために、渡辺は人間教育を徹底した。

一方、私が任されていたのは、試合前にどれだけ相手チームの「情報」を集められるか。そしてそれをいかに選手に伝え、実戦で生かせるか、だ。

捕手出身の私は、公式戦の前には必ずデータを分析し、A4かA3の紙にまとめて選手に渡す。対戦相手の打者の特徴、打球の方向、投手の球種、得意なボール、癖、バッテリーの配球パターンなどが書いてある。

人はこれを「小倉メモ」と呼ぶ。

桐光学園

エース松井 全国区投手、昨夏と今夏と同じような出来である。昨夏は捕手宇川が全てワンバウンドを止めただけであって昨夏も対相洋戦は今夏の相洋戦より悪い内容。今春は手も足も出ないピッチングであったが、夏の暑さが少しハンデとしてマイナスになると思っていた。

◎力を抜いて投げることが出来ない。常に全力投球……体も暴れ出した。右足が地面に着く前に伊藤と同じように右肩が開く。地面に着いた右足が三塁側に外れる。……そのために、タメが効かないで、腕が十分に振れない。ボールもかなり高くなっている。

○スライダーの曲り、落差もなくなって来ている。いい時の半分の落差になっている。

◎いいのはチェンジアップ……この球だけは相変らず落差もある。左打者には投げていないが投げてくるのか？いずれにしてもこの球は打てなくていい。ただし 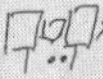 右打者のこのコースに捕手が移動した時に投げる。

◎配球、スライダーの三球連続は90%ない。二球止まり。これは宇川の時はあったが、鈴木、田中の捕手になってからはない。

◎左打者の内角にカットボール気味のスライダーを投げてくる時がある。勝負球。

◎基本的にストレートだが打たれるとスライダーを多く投げてくる。ストレート、ストレート、スライダー、ストレート、チェンジアップ、ストレート、スライダー、スライダー、ストレート、ストレート、……ピンチを迎えると、スライダー、スライダー、ストレート、スライダー、ストレート。

※捕手がスライダーをいやがるからストレートの方が多い。100球投げたらストレート55〜60球、スライダー25〜30球、チェンジアップ15球。チェンジアップが多いのも頭に入れること。

◎走者一塁、初球の牽制球3球投げた。一人の打者の時2球投げた（初めて）。一度は膝を多少入れて投げた。下手だけど。あとは普通に右足を一塁側に出すだけ。

◎クイックは出来ない。牽制の時は、セット静止してから2〜2.5秒。本塁投球は、3.5〜4秒。このパターンが80%。モーションはかなり大きい。足も高く上げてくれる。捕手も肩が良くない。今スローイングが悪い。

◎二塁は180°よりも90°……これは以外と素早い。片側リードが絶対に必要。……三盗は、一死でやること。二死では？になるかな？プレッシャーだけは与えられるのか？モーションは大きい。

捕手リード……リードは絶対にある。対平塚戦の時……最初二塁ゴロも手首が返っていなかった。これは伊藤の球が今まで対戦した投手より速かったので、自然と打てた。第二打席目からストレートは打たれてると思っていたら2本打たれた。

137〜8K級のストレート……これは打ち取れるだろう。続けなければ。135K……高目は目が近いから打者は打つ。133〜134K……低目であれば打ち取れる。……変化球、多少コースが甘くなければ続けなければ打たれない。※次の球を生かす配球、全力球……エサまき球必要。

頑張れ横浜

松井 対商大 MAX 144K、平均138〜139K、打28。

ストレートでもワンバウンドミットで出る。特にスライダーの時のワンバウンド

すぐ進塁して、立ち遅れたらアウト。

2013年、夏の甲子園をかけた神奈川県予選準々決勝で、松井裕樹（楽天）擁する桐光学園と対戦した際に選手にわたした「小倉メモ」。横浜は桐光に、2012年夏、2013年春と惜敗していたが、徹底的に桐光のデータを分析し、3—2でついに松井に勝利した。

内外の甘い球はセンターより左に打ってくる

8. 坂本 (右)

内角厳しいコースはつまるが
甘いコースは打てる。スライダーと
カーブ打てる。　準備しておく

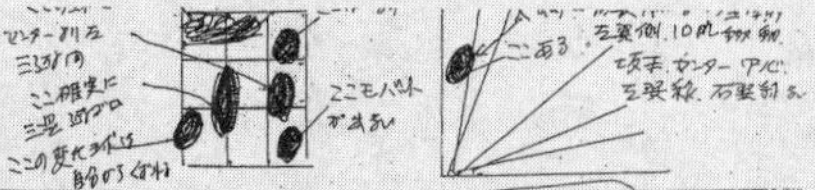

4. 4 武 (右)　送りバント転がす 三塁
一塁側にやってくる

年生段から出ているが、少し
成長している。内角高目は
打てないがバント上手まで
引っ張れるようになった。足は
速い。セーフティーバントは見たことがない。

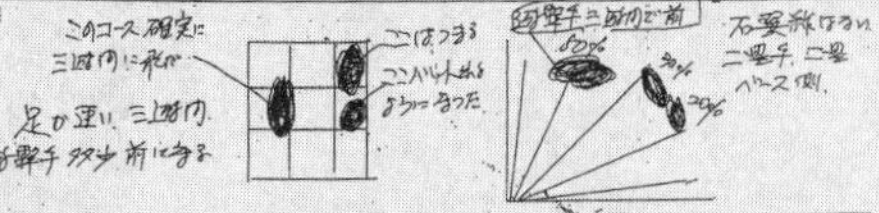

9. 8 水沼 (右) ストレートはボール、変化球勝負

構え(グリップ)は相変わらず高い
低目一杯はどのコースもよく当てに
打てないが、内角ボール1つ半まで
つまるが、甘いと左、中間に大きい
ある。外に注意する

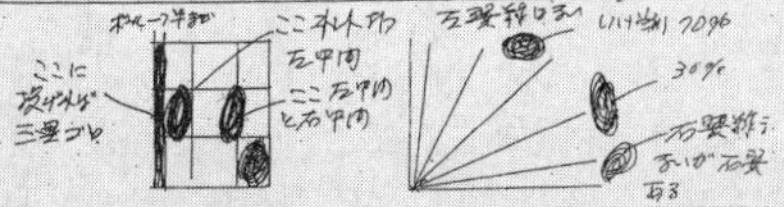

7 10 山田 (右)

バックスイングで左肩が
かなり入り、スイングは大きいが
折れて低目しか打てない

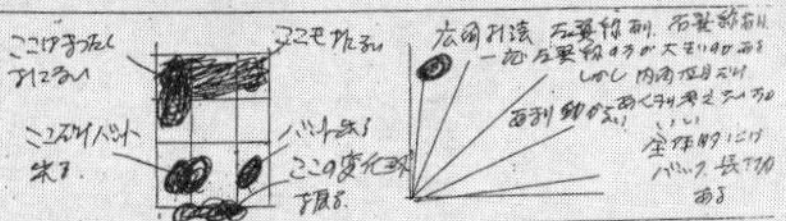

1. 1 松井 (右) インコースアップ、スライダーよりも落差のある変化球

バッティングが良くなったと言うよりも
いいタイミングで打っている。それは常に
ストレート待ち、初球からどんどん打って
くる打てなくても、もともと。あとは俺が
押さえる。腰を治って打っている

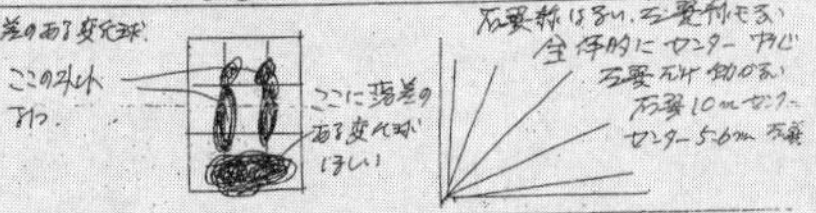

5.5 中野

この打者も少し成長している。
いいタイミングで打っている。
ノーバックスイングに近い形が
コンパクトにバット出してくる

困った時の
セフティーバント。
特に一塁側
三塁側もあるが

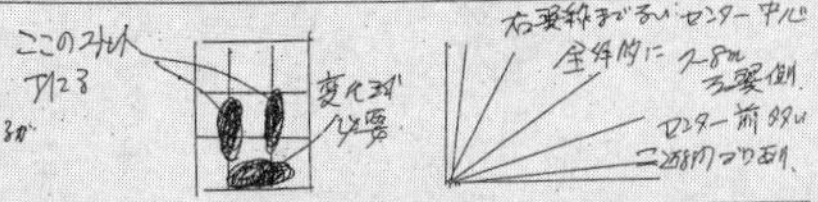

3. 3 植草 (右)

極端に曲っていた両ヒザが
直り、いい状態になって来た。
水沼と似た所があるが大きい
違いは変化球が打てないと内角が弱い

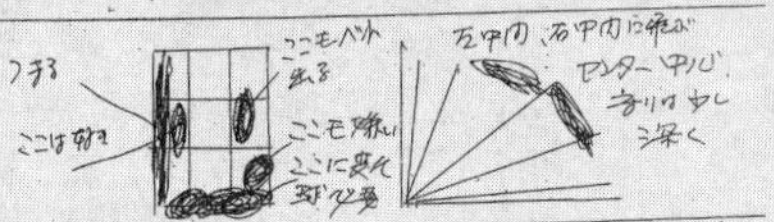

2. 12 田中 (右)

体を止めて打つ感じ。変化球は
自分からくずれる。同じ球 外角よりの
甘いストレートを投げなければ打てない

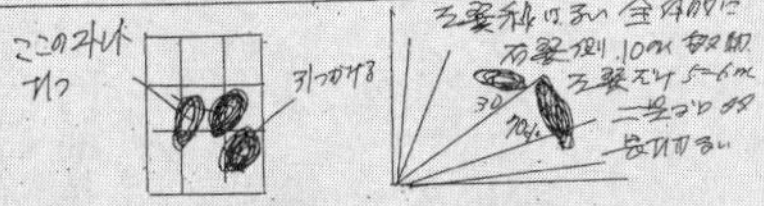

9 6. 6 竹中 (左)　セフティーバントあるが今も
まったくできない

ノーバック、スイングに近い形で
ステップするとすぐにグリップが出てセーフティーある。
しょう強いバッティングをやっているような
3 感じで打ってくる。スイングはヘッドが下がってしまう

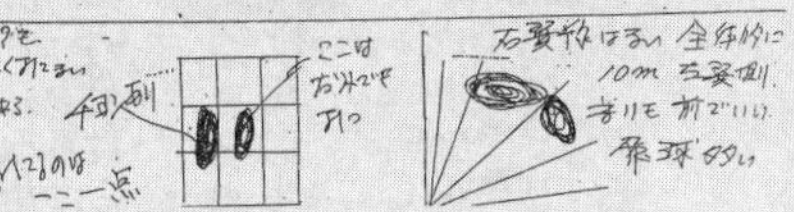

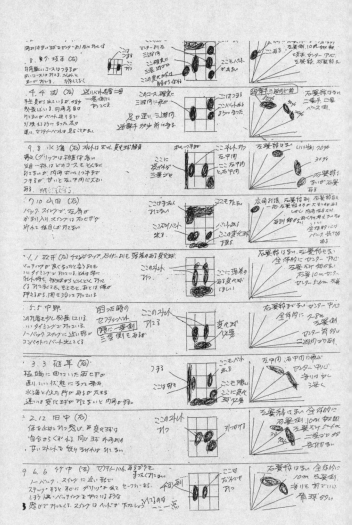

これまで書いた小倉メモは、優に1000枚を超えているだろう。楽天などを率いた野村克也元監督のように、40歳になる前くらいから私は高校野球に「ID」を取り入れている。

データ集めには苦労が多い。たとえば、2006年のセンバツで、初戦の相手が前年秋の近畿王者・履正社（大阪）に決まった時のことだ。私は練習試合を見るためにすぐに大阪へ飛んだ。しかし、横浜の関係者とばれてしまい、門前払いを食らった。

「高野連にそんなルールはないだろう！」と食い下がると、渋々、「ビデオを撮らないなら」という条件で中には入れた。

それでも、履正社側はすぐにバックネット裏のエリアに「立入禁止」のロープを張った。投球の軌道を私に見られたくないからだ。甲子園の前はこんなふうにピリピリする。

相手チームのデータで重視するのは、県予選での盗塁と失策数。足と守備には地域のレベル差がないからだ。盗塁が2ケタ、エラーの数が1試合平均1以下なら機動力があって守備力が高いチームといえる。

一方で、本塁打数や打率はあまり気にしない。投手のレベルは地域によって大きく違うからだ。ただ、クリーンアップが5割以上なら要注意。対策が必要になる。

投手は投球フォームを見る。好投手は膝を腰より高く上げられるタイプが多い。こういう投手は上半身がゆったりとしている。腕が遅れて出てくるように見えるから、打者が球速よりも速く感じるのだ。だから、球速表示より、「生きた」球か「死んだ」球かを見極めることが重要だ。直球が１４０キロ台でも奪三振が少ない場合もあるし、１３０キロ台でも変化球がキレていれば、三振の数に表れる。１試合で平均10個の三振を奪っていれば、かなりいい投手だ。

とはいえ、データとはあくまで確率の問題であって、決して万能ではない。無策で臨めば5〜6点は取られるところを、データがあれば3〜4点に抑えられる。そういうものなのだ。ただ、6失点と3失点では雲泥の差。勝敗が逆転するかもしれない。だからこそ、「データがないと高校野球は勝てない」が私の持論なのだ。

「小倉メモ」には「ここに投げれば絶対に打たれない」と断定的な書き方をする。2試合を見れば、相手打者9人中7人の弱点は見抜ける自信がある。

他人の評価はアテにしない。信じられるのは自分の目だけだ。

一番確率が高いのは打球の方向。データに基づいて守備位置を変える。これには大きな失敗はあまりない。

投手の配球も、分析すればだいたい傾向がわかる。データがあれば絶対的に有利なのは間違いない。

松坂など、プロ野球選手を何人も輩出してきた。しかし横浜が目指しているのは、「総合力」を高め、チームとして勝てる野球だ。

情報収集の秘策

甲子園での宿舎は各県ごとにだいたい定宿があるが、絶対にそこに泊まれるわけではない。同一県から2校出場すれば、いつもの宿ではなく、違うホテルに泊まることもある。

ただ、私の部屋に研究用のビデオデッキをセッティングしてくれたり、選手をバスで送迎したりといった仕事があるから、慣れているホテルがいいことは確かだ。ある県の代表が定宿にしているホテルはすごい。全代表校の予選決勝の映像を全てそろえているという。そのホテルを利用する代表校が、どこのチームと対戦することになっても対応するためのサービスというから、宿舎側の「営業努力」も涙ぐましい。

甲子園に出場すれば、ビデオを見て対戦相手を研究することが多い。だが、このビデオの入手も決して楽ではない。

私は「甲子園ネット裏会」にお世話になった。甲子園のネット裏に陣取る「野球好き」のファン30人くらいで構成されていて、この人たちと仲良くなるのだ。カキ氷やらコーヒーなどを差し入れしたり、メシをごちそうしながら付き合いを深める。

「ネット裏会」の人たちは、予選の時は全国に散る。北は北海道から南は九州までをくまなく観戦しているから、このネットワークが心強い。ビデオを撮ってもらえるからである。

私はいつもこの人たちに助けられた。

してやったり

データ分析の成果が甲子園で発揮されれば、それは指導者冥利に尽きるというものだ。

2006年、センバツ2回戦の八重山商工（沖縄）戦は、まさにそういう試合だった。

序盤に7―0と大量リードも八回に5点を失い7―6。なおも一死二塁のピンチで投ゴロが飛んだ。

二塁走者が飛び出した。投手は素早く三塁へ送球。走者が挟まれた。三塁手はもっと二塁方向へ追い詰めるはずが早く投げ過ぎた。遊撃手が捕り、今度は三塁方向へ走者を追う。遊撃手は二、三塁間の真ん中に入った投手に送球した。

すると打者走者が二塁へ走った。ボールを持っていた投手は挟んでいた走者をいったん無視し、二塁へ投げてタッチアウト。その後、挟んでいた走者もアウトにして併殺を完成させた。

ポイントは三塁へ送球した投手が、二、三塁間の真ん中に入ること。普通はそのまま三塁ベースへ走って待機することが多いが、それではダメ。挟殺プレーの間が開き過ぎるからだ。二塁ベース寄りの塁間の半分でコンパクトに挟むことで、その走者だけでなく、二塁を狙う打者走者を殺すことも可能になる。

キャッチボールの延長として毎日のように練習してきたこの「2つ殺し」が、大舞台の苦しい場面で生きた。

二塁走者の大嶺祐太（ロッテ）は「横浜はこんなことまでやるのか」という感じで、最後は諦めて二、三塁間で止まってしまった。八重山商工の追い上げムードは完全にしぼみ、何とか1点差で勝ちを拾うと、決勝の清峰（長崎）戦では21―0。記録的な大勝で優勝することができた。

もちろん、指導してきたことを生かせなかった試合もある。あれは2005年夏、神奈川県大会4回戦の慶應戦だった。

二回に三塁に走者を背負った。投手はスクイズを警戒して三塁に最低2回続けて牽制球を投げる。三塁手はベースに入るなどして三塁走者のスタートを遅らせる。その刹那、投手が外角へ投げ、一塁側へバントをさせる。一塁手と投手の2人で守備を固め、本塁で封殺。この練習を毎日のように繰り返してきた。それなのに、何もやらずにいとも簡単にスクイズを転がされてしまったのだ。

敗戦後、川角謙―福田永将（中日）のバッテリーと三塁の高濱卓也（1年＝ロッテ）の3人の当事者を呼んで聞いた。

「何で練習してきたことをやらなかったんだ？」

「あれは隠しておいて、ここぞという時にやるプレーだと思っていました」

驚いた。夏の大会で出さず、いつ出すのか。「ここぞ」とは試合の終盤か甲子園なのか。予選で負ければ、もちろん甲子園なんてない。

「バカヤロー！　あのプレーは見せるもんなんだよ。見せないと三塁ランナーのスタートを遅くできないだろうが！」

今の子たちはいちいち説明しないと分からない。教えるのも根気が必要だと痛感した試合だった。

早実・斎藤佑樹を攻略

想定通りの試合運びができたという意味では、斎藤佑樹（日本ハム）擁する早実

(東京）との一戦も印象に残っている。
早実と対戦したのは、２００６年春のセンバツ準々決勝。まだ「ハンカチ王子フイーバー」が起きる前だ。

前年秋の明治神宮大会と、それまでの甲子園での斎藤の投球を分析して気になることがあった。一見、フォークボールかスプリット系に見える、おかしな軌道の球を投げていた。高校生ではほとんど投げない「ツーシーム」を、斎藤は当時から操っていたのだ。

斎藤の直球は、１３０～１４２キロと幅が広い。打者の力量を見ながら使い分けていた。

直球に緩急をつける投手もそれほどいない。良く言えばクレバー、悪く言えばナメたところがあった。

私は中軸でないメンバーを集め、こう言った。

「おまえらは斎藤にナメられているだろうから、力のない１３３～１３４キロの直球がくる。それをセカンドに狙って打て」

よく「右方向を狙え」とライトに打たせようとすることがあるが、この指示は良くない。高校生レベルだと振り遅れることが多いからだ。その上、頭のいい斎藤なら、すぐに右打ちを見抜き、外角に緩い変化球を投げてくる。そうすると、打者は手首が先行し、こねるような形になる。引っ掛けて三ゴロや遊ゴロになってしまうのだ。

私は「セカンドゴロを打つつもりで」といつも言っている。振る時にグリップを投手方向に出してやる。そうすると、ヘッドが残って逆方向に打球が飛ぶ。

結局、三回までに6点を奪い斎藤をKOしたが、5安打中4安打が逆方向だった。

威圧感がある投手ではないが、投球時やセットポジションにクセがない。私が見た中でトップクラスだと感じたのは、三塁への牽制。これが抜群にうまかった。左足をボークギリギリの絶妙のところに上げ、まるで本塁に投球するかというところからピュッと三塁へ投げてくる。2度刺されそうになり、スクイズのサインが出せなかった。

早実戦が事実上の決勝戦といわれたが、斎藤はこの2日前に関西《かんぜい》(岡山)との延長十五回を完投。前日の再試合でも七回を投げて3連投だった。松坂はPL学園との激闘で延長十七回を完投したが、斎藤は2試合合計で二十二回。さすがに松坂ほどのスタミナはないであろう斎藤は、やはりバテバテだった。いつもの球威・キレからは程遠く、気の毒なくらいだった。

エースの斎藤よりむしろ対策を練ったのは、早実のうるさい1番打者だった。塁に出せば引っかき回される。私のデータに基づき、高校野球では前代未聞のシフトを敷いた。

リスクをとった守備隊形

当時2年生ながら1番に座った左の川西啓介は、間違いなく早実のキーマンだった。

前年秋の明治神宮大会と甲子園、3試合の川西の打球を分析すると、ほとんどが左（レフト）方向に飛んでいることが分かった。

松坂がいた頃を思い出した。甲子園で延長十七回の死闘を繰り広げたPL学園にも同じようなタイプの1番・田中がいた。

田中の時も、川西と同じようなデータをはじき出していたものの、渡辺監督に強く進言できず、思い切ったシフトが敷けなかった。リスクが大きいシフトで、失敗すれば責任を取るのは部長の私ではなく監督という思いがあったからだ。

結果、田中に4安打。私は進言しなかったことを悔やんだ。

だから、今度は迷わなかった。セカンドを二塁ベースの左、ショートを三遊間に守らせた。サードを含めれば、二、三塁間を3人で守る形。一、二塁間にはファースト一人しかいない。投手には外角で出し入れするように指示した。

もしセカンドの定位置辺りにセーフティーバントやゴロを転がされたら、下手すれば二塁打になる。しかし、川西は左の俊足タイプでありながら、セーフティーバントが一度もなかった。「していない」のではない。「できない」と判断したのだ。

とはいえ、高校野球でこういったシフトは珍しい。しかも、逆方向に内野手を多く配置するのだから前代未聞だった。

はたして川西は、網にかかった。1、3打席目に川西の打球が三遊間へ。そこにはいずれもショートが守っていた。通常ならレフト前への当たりが2度も遊ゴロになり、早実ベンチは意気消沈。13―3で勝利した。

冬に鍛える

もちろん、勝つために必要なのはデータだけではない。日々の練習、特に、大会のない冬にいかに充実した練習をできるかも、チーム力を高める鍵になる。

冬のトレーニングはまさに、「自分との戦い」だ。

横浜はプロ野球のキャンプのように、基本的には5勤1休。これを2ローテーションし、次に週休1日に切り替える。

冬の時期は陸上部のように走る。強化のテーマは大きく分けて3つだ。

①筋力、腕力をアップする。

②足腰を鍛える。

③股関節の柔軟性を高めて強くする。

最近ようやく、股関節の重要性が言われるようになったが、私は何十年も前から重要視していた。股関節は力を伝達する運動能力の土台、軸になる箇所。股関節が硬いとケガもしやすい。

冬の期間に行う、股関節トレーニングを紹介しておこう。

高さ1メートルのついたて状のネットを左右に並べ、「通路」をつくり、ネットとネットの上に棒を固定する。選手は背中を伸ばし、腰を落としてゴロを捕球。そのままの体勢でネットに沿って約6メートル前進する。相撲の「すり足」のようなもの。1メートルは想像以上に低い。ネット上の棒は、腰高だと頭に当たる。楽ができないように置くのだ。

第1クールのメニューは、1周約350メートルのグラウンドを65～80秒の間で変化をつけて10周する。キャッチボール後にダッシュ系。コーナーを曲がる時は、外の腕は大きく、内は小さく振るよう意識させる。短距離走では慣れる意味でも、スパイクに履き替え、足に負荷をかける。一日に走る距離は約6キロだ。

手押し車、腕立て伏せ、片足跳びなど、昔ながらの練習も取り入れ、マスコットバットを使った手首の強化、全身のウエートトレーニングも行う。

一冬越えれば、投手は球速がアップし、打者は打球が速くなって飛距離が伸びる。実際、松坂は1年秋に138キロだったスピードが、2年春には144キロにアップ。春の関東大会で渡辺監督と「これはドラフト1位になるかもしれないな」と話したものだ。

冬の練習は確かにきつい。試合ではないから相手もいない。自分に負けなかった者だけが、春に成長の跡を見せる。

それにしても、現代っ子の「あっちが痛いこっちが痛い病」には、ウチだけでなく、どこの学校の指導者も頭を抱えているようだ。

昔はグラウンド30周だったものが、今は半減。これは、今の選手が体重ばかり増えて故障しやすくなったためである。故障で多いのは足首の捻挫、スネの疲労骨折、ふくらはぎと太もも裏の肉離れ。だから、こちらも気を使う。選手には「痛かったら無理をしないで申告しろよ」と伝えてある。

昔、冬の練習で疲労骨折したのを隠し、センバツ甲子園後に言ってきた者がいた。理由を聞くと「何としても甲子園に出たかったから」と言う。今はそんな根性がある選手はいなくなった。「あっちが痛い。こっちが痛い」と弱音ばかりだ。

これは幼い頃の遊びが大きく影響している。水泳、鉄棒、木登りなどを今の子供たちはほとんどしない。ピコピコとテレビゲームばかりで、身体を使った遊びをしないから、筋力のない子が増えた。肩やヒジを痛める選手が多いのも、こういった幼少期の環境が要因だ。

「野球ノート」で意識改革

冬が重要とはいっても、まったく休みがないわけではない。

横浜では、12月31日～1月6日までの1週間を「冬休み」としている。横浜といえば、正月も休みなしで練習しているスパルタなイメージがあるかもしれないが、神奈川県外出身の選手を実家に里帰りさせるには、1週間は必要だろうと渡辺と私が考え、20年程前からそうしている。

人間の体は3日間何もしないと筋力が落ち始める。4日間休めば間違いなく落ちる。全国的に見れば、大晦日～1月3日までの4日間を休みにする高校が半数程度なのだが、私は4日間も1週間も一緒だと考えている。

ただし、簡単な「宿題」を毎年課している。「電信柱走」だ。500メートルほどジョギングした後、電信柱から電信柱（30メートルほど）をダッシュ、それからまたジョグ、を繰り返す。一日合計3キロ。30分もかからないだろう。あとは素振りを一日「500スイング」。練習で「一日1000スイングした」などとよく耳にするが、毎日1000回を続けるのはムリ。500回でいい。毎日振ることに意味がある。

電信柱走さえやってくれば身体がなまらずに、休み明けの練習に耐えられる。「宿題」をやってきたかどうか。それは7日の練習始めに明らかになる。だが、例年大部分の選手がサボってやってこない。練習でリタイアが続出するのが恒例となっている。

こういった部員たちの「意識の低さ」を是正するため、数年前から、渡辺は「野球ノートを毎日つけて提出すること」を義務付けた。各選手は何を教わり、何を注意されたのか、日記のように毎日書いて定期的に我々がチェックするのだ。

だが、ある日、ノートを見た渡辺は愕然としたという。提出前にまとめて書く選手が続出したからだ。

人が書く字は日々違う。きれいな日もあれば、疲れていて多少崩れる日もある。

それが毎日、字体が一緒では「一夜漬け」だと一目で分かる。中には事細かに記した者もいたが、ほとんどが「野球ノート」の意味を理解していないことが明らかだった。

せっかく横浜の野球部に入ったのだから、もっと野球を勉強して欲しい。甲子園に連れていってあげたいのだが、それが分からない。

現在、横浜DeNAで活躍するOBの乙坂智《おとさかとも》が、ルーキーイヤーのオフ、「今はうざったくても、小倉さんの話を聞いておけよ」と後輩に言ったと伝え聞いた。卒業してから気が付いても遅い、と私は言いたい。

主将が良ければチームは強い

部員たちに自覚させるためには、私や渡辺の力だけでは足りない。チーム内のまとめ役である、主将の存在が極めて重要になってくる。

横浜は例年、部員全員の投票で新主将を決めている。みんなで選んだキャプテンなら不協和音が出にくいからだ。

かつては背番号が2ケタでも発言力があってキャプテンシーがある者、ケンカが強い者もよく務めたものだ。

思い出深いのは松坂の2年後輩で、中学時代「番長」だった松岡政《つかさ》。2年生からレギュラーになって主将に就任。部員がチンタラ練習していると、「テメー、このヤロー!」とドスの利いた声で怒鳴りつける。彼のおかげで、グラウンドには常に緊張感が漂っていた。松岡には独特のカリスマ性があった。

チームとしては「この代は、甲子園は厳しいかな」と思っていたが、3年夏の甲子園（2000年）でベスト8。松岡は大学まで野球を続け、卒業後にプロボクサーに転向した変わり種だった。

2015年秋から横浜高校で監督を務める現・部長の平田徹は、2002年に主将を務めた。コツコツ努力してみんながついていくタイプだった。

松坂世代の猛者をまとめ、後に中日に入団した小山は、野球を知っている司令塔。彼が練習中から指示を出してくれるので、通常、私が10回言わないと部員たちに伝わらないものも3回で済んだ。

彼らのように主将がしっかりしている代は、結果が伴ったケースが多かった。

異例の決め方をしたこともある。2012年のチームで主将を務めた、尾関一旗だ。尾関が主将を務めることは、私と渡辺監督が話し合って決めた。なぜか。秋の神奈川県大会ではベンチを温めることが多かった尾関だが、一番野球を知っていて、性格的にもこの子しかいないと思ったからである。

練習前、道具などが入ったバッグを各自がワゴン車からグラウンドに持っていく。暴力事件などが起きないよう、なるべく上下関係をなくそうと取り組んでいることもあり、「自分の物は自分で運べ!」ときつく指導しているのだが、上級生は1年生にやらせることも少なくない。そんな中、尾関だけは我々に言われるとっくの昔から率先して道具を運んでいた。そういう人間性を評価した。

横浜のミーティングでは、試合中に起こりうる場面を想定して、選手たちにさまざまな質問をする。日々の練習から、各自が実戦を想定して動いていなければ試合には勝てないからだ。だが、心構えを問うと、答えるのは尾関と決まっている。いや、尾関だけだったのだ。これでは物足りない。

みんな野球をもっと自主的に勉強しないと、戦う集団にはなれない。めっきり消極的になった最近の選手たちを、私は心配している。

第3章

こうして「参謀」となった

横浜商業のコーチ時代。練習を見守る

「分析好き」な少年

私の人生はまるで綱渡りのようだった。

1944年6月、横浜市で生まれた。

小学5年の時、近所の横浜市立大島中学に行って、球拾いをやったのが野球人生の始まり。6年になると、大島中で練習試合に出させてもらい、そのまま入学した。1学年上に柴田勲さん（元巨人）がいた。

試合を見て分析するのはこの頃から好きだった。平和球場で行われるプロ野球や社会人野球のボールボーイを務めるのが大島中の担当で、日本石油（現JX－ENEOS）で活躍していた藤田元司さん（元巨人）と、キャッチボールをしたこともある。

普通の中学生はたいてい、1試合見ると飽きてしまう。しかし、私は飽きずにずっと見ていられた。それだけ野球が好きだった。中学3年になると、投手で3番になった。

高校進学にあたって、第一志望は法政二高だった。私が中学1年だった1957年に、田丸仁監督率いる法政二が甲子園準優勝。ここから夏の神奈川大会5連覇と圧倒的な強さを誇っていた。大鳥中の先輩でもある柴田さんが、法政二へ進学したことも志望した理由だった。

だが、田丸監督に「今の実力ではベンチ入りメンバーに入れてもレギュラーは難しい」と指摘され、進路を横浜に変更。当時の横浜はまだ甲子園に出たことはなかったが、「鬼の笹尾」と恐れられた笹尾晃平監督がチームを強化し、着実に力をつけていた新鋭校だった。

同級生だった渡辺は、クソがつくほどマジメ。私は変化球しか狙わないような人間で、トッポくて監督の悪口ばかり言っていた。

最初は内野をやったが、使いものにならず、1年の秋に笹尾監督から「野球を見る目を養え」と言われ、捕手に転向した。

それから、新聞に掲載された連続写真を切り取って、投球や打撃フォームを研究するようになった。

打席では相手チームの捕手に「おい、球種を教えろ」と脅したりもした。もちろん最初は教えてくれないが、毎回言っていると、しまいには捕手が悪いと思うのか、教えてくれるようになる。その分、相手の捕手が打席に立った時は、本当の球種を教えた。高校時代はこんなことばかりやっていた。

3年夏は私が捕手、渡辺が中堅手のレギュラーとして甲子園を目指したものの、準決勝で鎌倉学園に敗れた。

「野球バカ」と言われ

大学は東京農業大へ進学。さすがに東都大学リーグでは「球種を教えろ」と言っても、教えてくれる捕手はいなかった。だが、私は東洋大の上垣内《かみごうち》誠（元広島など）という選手に、4年間教え続けた。

「お前のことは信用できない。いつ違う球種が来るか分からない」

そう言われたから、本当の球種を教えてからかっていたのだ。

肩には自信があった。東都2部リーグでは、1シーズンで許した盗塁が一つあるかないか。プロに行きたいと思っていたから、大学2年までは全体練習後も毎日2時間、自主練習をした。他にそんな選手はいない。チームメイトからは「野球バカ」と陰で呼ばれていた。

先輩だろうがはっきり意見を言ったため、「生意気だ」とよく殴られた。夜中の2時頃にグラウンドに呼び出され、殴られて正座をさせられるなんて日常茶飯事。それでも違うものは違うと言った。卒業する頃には、自分の歯は4本しかなくなっていた。

大学3年でプロは厳しいと感じた。

自分には実力がない。どんなに練習をしても打てない——。

20歳までは純粋な野球小僧。それが、自分の能力の限界を悟ってからは、毎晩のように遊ぶようになった。

大学2年から教職の授業が始まっていて、1年間はちゃんと通っていた。しかし、プロを諦めた3年になると、急にバカバカしくなって辞めてしまった。このことだけは、後に後悔することになる。後述するが、49歳で苦労したからである。

私の父は大きな水道設備会社の重役だった。大学時代の仕送りは3万円。当時としては恵まれていたのに、全然足りなかった。飲み屋や雀荘や友人などに1年間で30万円の借金ができ、ありとあらゆる物を質に入れた。

指導者の道へ

予想どおりプロからの誘いはなく、東農大卒業後は波瀾万丈の人生が始まる。三菱自動車川崎へ就職し、1年間在籍した。しかし、選手として素質がないと感じていたこともあり、この頃から高校野球の指導者になりたいと思うようになった。

大学2年から3年間、新潟の新発田《しばた》農業高校でコーチもした。自分でプレーするより、私の知識を高校生に伝えたい。甲子園で采配を振るいたい——。

そんな矢先、神奈川のある私立高校から監督にと声がかかった。だが、大学時代にボロボロになった歯を治療したいと申し出ても、保険証をくれなかった。給料も日給のような形で安かったため、2ヵ月で辞めた。

その後、河合楽器にテスト入団で拾われた。体重は75キロ。監督から5キロの減量を命じられた。グラウンドまで往復26キロの道のりを毎日走った。練習もきつかった。

河合楽器はグラウンドに工業用水をまいていた。もちろん水道水もあったが、工業用水は塩分が入っていてうまかった。ガブ飲みしていたら急性肝炎になってしまい2ヵ月入院。現役を引退し、会社も2年で辞めた。

24歳の頃、一つ年上の女性と結婚。これだけは言える。渡辺と私は本当に妻には恵まれた。好き勝手やってきたのに、文句一つ言わず、私についてきてくれた。感謝してもしきれない。渡辺も同じ気持ちだろう。

監督の座を追われ

その後、父の会社と関係のあったある水道設備会社に就職。縁があって東海大一高（静岡＝現東海大翔洋）のコーチを引き受け、兼業生活となった。１９７３年から４年間コーチを務め、４年目で春夏の甲子園に出場させることができた。監督にも義理を果たせたと、また水道の仕事に専念していた頃のことである。仕事で横浜・磯子のマンションに行った。地下足袋で歩いていたら、信号待ちをしている渡辺に偶然出くわした。母校の横浜を率いてセンバツ初優勝を遂げたのは知っていた。渡辺はこの頃、関東学院大で教職課程を履修している最中だった。そのため、選手だけで練習をする時間も長いという。

「教職を取らないといけないから大変なんだ。もし時間があるならウチを手伝ってくれないか?」

快諾した。これまでのコーチ経験で、高校野球の指導にすっかり魅了されていた。

早速翌日から渡辺と2人で寮に泊まって、チームを鍛え上げた。昼間は水道の仕事、夕方は練習、空いている時は中学の試合を見に行って有望な選手を勧誘する。寮から仕事に通い、給料日だけ家に帰る生活である。当時、長男は7歳、長女は4歳。父親らしいことはしていなかった。子供たちは私を怖がって逃げ回った。一緒に歩いても近くには来なかった。たまにしか家に帰らない父親。なつかないのも無理はなかった。

しかし、私は横浜を2年強で去ることになる。原因は、監督の座を巡っての渡辺とのイザコザだった。

横浜高校の当時の1年生には、私がスカウトした愛甲猛(元ロッテなど)、安西健二(元巨人)などの逸材がそろっていた。大学に通っていた渡辺は当時部長。監督として登録されていた私は、「2年後に全国制覇を狙える」と手応えをつかんでいた。

中学時代の愛甲を見つけたのは、横須賀の審判員の情報だった。「面白い左投手がいる」と紹介されて知ったのだ。球速は138キロくらい。入学早々、カーブを教えたら投球の幅が広がった。横浜を去ることになったのは、そんな矢先のことだった。

愛甲や安西ら、有望な4~5人の1年生のベンチ入りを決めた私に、上級生の親から不満が殺到。彼らは「渡辺さんを監督にしてくれ」と、学校に言い募った。何人かの親や教員たちは私に味方してくれたものの、多勢に無勢。渡辺自身も監督をやりたかったのだろう。後援会なども渡辺を支持し、私は辞表を出すしかなかった。

愛甲らの成長を見守れないのは残念だったが、仕方がなかった。

水道の仕事に戻りながら、横浜商業の古屋文雄監督に、「甲子園に行きたかったらオレをコーチとして雇え」と電話で売り込んだ。

接点はほとんどない中での連絡だった。1978年6月のことである。

池田「やまびこ打線」に力負け

「打倒・横浜どころじゃない！　渡辺には二度と甲子園には行かせない！」

私はそう燃えていた。

1979年にはジャンボ宮城（弘明＝元ヤクルト）を擁し、県大会の決勝で横浜を撃破。夏の甲子園に46年ぶりに出場し、ベスト4に入った。

しかしその翌年は、今度は愛甲、安西らが3年生になった横浜に敗れた。横浜はそのまま、全国制覇を果たした。

ライバル校の指導者ではあったものの、私が発掘した選手たちの活躍に「こんちくしょう！」と思う一方で、「あいつらだったら、やるだろうな」と自分の目が確かだったことを感じ、母校の優勝がうれしくもあった。

1982年春、再び甲子園でベスト4にまで勝ち進んだ。

そして1983年、私がコーチを務めていたY校は、エース三浦将明（元中日）を擁し、センバツ決勝に進んだ。相手は前年夏に全国制覇している「やまびこ打線」の池田（徳島）だ。エースは「阿波の金太郎」こと水野雄仁（元巨人）。

Y校は初回、好打者の1番・西村隆史が、池田のエース水野からあっさり三振を食らって勝負がついた。

「あの西村が打てない球をオレたちが打てるわけがない」

水野はインステップしながら、ノビのある145キロの直球を右打者の外角にビタビタと決めてきた。Y校打線はわずか2安打に抑えられた。

池田の「やまびこ打線」は、ドアスイング気味にブンブンと振り回してくるのが特徴。池田の選手たちはバットを振る力が圧倒的に強かった。0―3の力負けだった。

「打倒池田」でやってきた同年の夏の甲子園でも、Y校は決勝に進出。しかし相手は、PL学園だった。横綱・池田が準決勝でPL学園にまさかの大敗を喫したのだ。

「あの池田が負けるなんて……」

Y校に衝撃が走った。PL学園を牽引していたのは、エースの桑田真澄と4番の清原和博。この1年生コンビの対策が不可欠だった。

KKコンビ登場！

まだ少年のような15歳の桑田の球速は、140キロ前後。春に対戦した池田の水野よりスピードはない。桑田を研究すると、2つのクセと傾向が浮かび上がった。

私は決勝を前にこう指示を出した。

「一死二塁の場面をつくれ」

桑田は二塁に走者を背負うと、振り返って1度は走者を見るものの、2度は振り返らず、そのまま投球する。桑田が二塁走者から目を切った瞬間に走らせた。

一度は三盗に成功。だがその後、2度目の時は何と2度振り返り、逆を突かれた二塁走者が牽制で刺された。桑田は三盗されたことで自分のクセに気が付いたのである。並の投手なら試合中には気が付かない。気が付いたとしても、急に修正すればリズムが崩れ、ストライクが入らなくなったりするものだ。ましてや桑田はまだ1年生。「この1年坊、野球センスの塊だ」と驚かされた。

甲子園の準決勝までの桑田の配球を分析すると、大きくてブレーキの利くカーブを続けて投げるのは2球までという傾向がはっきり出た。そのため、「カーブが2球続いたら3球目は直球」と選手に話していた。

それが、3番・高井直継の時に3球続けてカーブがきた。PL学園の捕手が上位打者を相手に配球パターンを変えてきた。徐々に歯車が狂い始めた。

桑田は1年の夏である程度完成した投手に見えた。同じ頃、まだ何者かも分からない投手だった松坂とは雲泥の差である。

そして、二回には4番・清原に豪快な打撃を見せられる。

清原は大柄の長距離打者にありがちな、内角が苦手という弱点があった。準決勝で池田の水野に4三振。プロでも引退するまで苦労していた内角高めの速球は、まず打てなかった。清原の打球は右方向が圧倒的に多く、遅い球以外は引っ張れないという傾向もあった。

レフトを左中間、センターを右中間、ライトをライン寄りに守らせた。

二回、Y校のエース三浦が投じたフォークボールのすっぽ抜けが外角高めに入ると、清原は逃さなかった。きれいな打球は、右中間を守るセンターの頭上をあざ笑うかのように越えていった。スタンドに運ばれてしまっては、データも役に立たない。

これが、後に甲子園通算13本塁打を記録する清原の初本塁打。打球には角度があり、遠くに飛ばす能力、飛距離は私が見た中でナンバーワンだろう。スイングスピードが特別速いわけではないが、筋力の強さでボールを運ぶ。打たれた投手は「あれ、あんなに飛んじゃうの」と面食らう。それが清原の打球である。

Y校は0―3でPLに敗れ、悔しい春夏連続準優勝に終わった。

打者歴代トップ3は誰か

指導者として40年以上高校生を見てきた中で、打者のトップ3は、清原、星稜（石川）の松井秀喜、享栄（愛知）の藤王康晴（元中日など）。

松井は甲子園のバックスクリーン右に弾丸ライナーをブチ込むのを見て、度肝を抜かれた。きれいな放物線を描く清原とは全く違う弾道。松井は爆発的なスイングスピードでぶつけるように打つ。守っている選手が恐怖を感じる打球だ。

1992年、松井が5敬遠されて物議を醸した夏の甲子園の明徳義塾戦。指示を出した馬淵史郎監督の判断は、横浜と同じく勝利を義務付けられる私学の指導者として、気持ちは分からないでもない。甲子園はきれい事だけでは勝てないからである。

清原は最後まで内角を克服できなかったが、松井に大きな穴はない。私なら外角中心の配球で、速い、遅いと緩急をつけながら様子を見ただろう。だが、どこに投げても打たれる確率はかなり高かったと思う。

しかし、4打席目の二死走者なしからの敬遠は解せなかった。高校生らしく勝負をするべきだった、なんてきれい事が理由ではない。松井はホームランバッターだが、たとえばドカベンといわれた香川伸行（元南海）のような鈍足ではない。二死とはいえ走れる走者をやすやすと一塁に出すとリスクが大きいからだ。

その後、大騒動に巻き込まれた明徳義塾の選手の精神力には感心した。あの時の松井は、それだけ抑えるのが難しい「化け物」だった。

中田翔の驚異の打球

記憶に残る打者といえば、大阪桐蔭の中田翔（日本ハム）もそうだ。

横浜は2006年のセンバツ優勝チームとして夏の甲子園に乗り込んだ。初戦の相手は大阪桐蔭だった。

話題をさらっていたのは、当時2年生の中田。清原と同じように、インハイに投げておけば大丈夫という、穴がはっきりした打者だった。しかし1打席目、中田の打球を見て、驚かされた。打ち損じたはずのショートフライが全然落ちてこない。60メートルは上がっただろうか。スイングスピードが速いから、今までに見たことがない、とんでもない飛球になったのである。

その後、中田に本塁打され、6―11で初戦敗退。甲子園春夏連覇の難しさを痛感した。

2回戦で早実の斎藤佑樹が中田と対戦し、顔の近辺の直球を振らせて3奪三振。完璧な攻めだった。

守備の名手も挙げておこう。

鮮明に覚えているのは、1987年に甲子園を春夏連覇したPL学園で、ショートを守っていた立浪和義（元中日）。

立浪はショートを守りながら、キャッチャーの役割もこなしていた。勝負どころではショートのポジションから、バッテリーに配球のサインを出していたのだ。

ポジショニングも抜群だった。相手打者によって自分で守備位置を変える。

その動き出しの早さにも驚いた。打者が打ち出した瞬間、ボールがバットに当たる直前に打球の方向を察知し、スタートを切る。投球のコースによって野手が守備位置を変えることがあるが、これをやると打者にコースと球種がバレてしまう。しかし、立浪はバットに当たる直前、どこに飛んでくるかが分かるから動ける。投球の軌道と打者のスイングの角度から、天才的な感覚で打球の方向を察知するのだ。もちろん、バットに当たってから反応する普通の内野手より1歩か2歩は早く動ける。立浪ならではの高等技術だった。

原貢&辰徳親子との出会い

「野球バカはつくりたくない」

これは東海大相模の監督を務めていた頃の原貢氏が言った言葉。2014年に亡くなったが、言わずと知れた巨人・原辰徳監督の父親で、巨人・菅野智之の祖父である。高校野球界でその名を知らぬ者はいない。伝説の指導者だ。

私は指導者に恵まれなかった。だから独学で野球を学んだ。影響を受けたとすれば、ＩＤ野球を標榜してヤクルトを日本一に導いた野村克也氏と、この貢氏だろう。同じ神奈川で戦っていたこともあり、この人に認められたい。そう思ってやっていたところがある。

私が東海大一のコーチを務めていた頃、静岡・三保で東海大相模と合宿をする機会があり、原貢監督と出会った。

私が外野ノックで高い飛球を上げた時、「打球から目を切って、落下地点まで最短距離でまっすぐ追え」と自校の選手にアドバイスした。すると、貢氏が私にこう怒鳴ったのだ。

「おめえ、なんちゅう教え方してんだ！　甲子園のスタンドってのは真っ白なんだ！　目を切ったら、客とボールが重なって打球を見失うだろうが！」

カチンときた。この時、すでに一時代を築いていた貢氏に私は言い返した。

「甲子園もずっと白一色ではないですよ。銀傘の上は青空です。今のは銀傘より上の打球でしょう？ 低いライナーに対して目を切れと言っているわけじゃありません。高いフライは、目を切って走ったほうが追いつきます。打球を見れば分かるじゃないですか」

「この若造、口答えすんじゃねえぞ！ オレに文句言ったの、おめえが初めてだ！」

福岡の三池工で全国制覇を達成した原貢監督は、常に甲子園で戦うことを意識して練習をしていた。確かに私は当時、「若造」ではあったが、理論や知識には自信があった。貢氏も、生意気な私に腹を立てながらも、気に入ってくれたようだった。

1976年夏、東海大一が静岡代表になり、東海大相模も辰徳君との「父子鷹」で3年連続、神奈川代表になった。両校は同宿。ある日、私が記者の取材を受けていると、スター選手の辰徳君も横で取材を受けていて、こんなことを言っていた。

「趣味はゴルフです！」

「このヤロー、生意気な高校生だな」と思ったものである。

辰徳人気は凄まじく、宿舎周辺は女学生であふれ返っていた。

原辰徳の「人間力」

原野球は時代を先取りしていた。当時の高校生投手には落ちる球がなく、ダウンスイング全盛の時代。だが、東海大相模はレベルからアッパー気味にバットを振る。落ちる球が全盛になった現在はこっちが主流。「レベルスイング」の元祖は原貢監督である。

松坂を擁して春夏連覇した時あたりから、貢氏に会うと、「あ〜、あの時の若造か！」と言われるようになった。つい最近まで、「お〜、頑張れよ！」と会う度に右手を差し出して握手を求められた。これが「原貢流」の挨拶なのだ。

教え子の斉藤宜之が巨人の一軍で活躍している頃、横浜スタジアムに陣中見舞いに行ったことがある。

試合後、通路で斉藤を待っていると、当時コーチだった辰徳君が控え室から一目散に私のところに向かってきた。右手を差し出しながら、「いやー、どうもどうも」と握手を求めてくる。立ち居振る舞いがオヤジさんそっくりだった。

「オレのこと知ってるんですか？」と聞いてみると、「何言ってるんですか。横浜高校の小倉さんを知らないわけがないでしょう」と笑っていた。

年に一度、1月に野球関係者のゴルフコンペで会うと、「今年の横浜高校はどうですか？　監督さんは元気？」と実に気さくだ。この明るさが辰徳君の魅力なのだろう。

再び横浜へ

横浜の渡辺監督から「戻って来てくれ！　また一緒にやろう！」と誘われたの

は、私が46歳の時だ。

その頃、私はY校のコーチと水道の仕事の両立に悩んでいた。工事現場の朝は早い。日の出前に出掛け、職人の手配から、時には現場でツルハシも持った。そして、夕方から夜遅くまで高校生の練習に付き合う。こんなハードな生活も30代までは何ともなかったが、だんだん穴を掘るのが身体にこたえるようになっていた。

かつて、渡辺とは横浜の監督の座を巡ってケンカ別れし、私はライバルY校のコーチになった。その間、渡辺は横浜で春夏5回、私はY校で8回甲子園に出場。長年ライバル関係にあったのだから、そう簡単には応じられない。当時は監督をやりたい気持ちも強かった。私は一度横浜から追い出された身だ。横浜に戻ったら監督にはなれない。

悩みに悩んだが、「甲子園で優勝する」という夢を追いたい気持ちが勝った。野球を教えるのは天職。社会的交渉力がある渡辺なら、私の仕事のことも考えてくれているのではないか、という思いもあった。賭けだったが、誘いに応じることにした。1990年のことである。

渡辺が紹介してくれた自動車整備工場で働きながら、横浜のコーチに復帰。半年後、横浜高校の事務員に採用された。野球の指導に集中できる環境が整った。

復帰2年目に甲子園に出場したはいいが、コーチは公式戦ではベンチに入れない。もどかしい私の胸の内を察したのか、渡辺がこう言った。

「教職を取って、部長としてベンチに入ってくれ」

職業監督がいるように、監督は教員でなくても構わない。しかし、部長は教員に限られる。確かにベンチに入ったほうが、試合中に監督や選手と話ができて作戦の指示も出しやすい。

とはいえ、無理難題である。私は当時49歳。「50の手習い」じゃないが、まさかこの年でまた学生になるとは——。私立校に限り、大学に通学中なら「臨時免許」で部長になれるという決まりがある。学園長も許可してくれたので、母校の東農大に週に1〜2回通いながら部長に就任した。

いざ大学に行ったら行ったで、「何だあのオヤジ！」と噂になり、笑われたりもした。それでも、私が横浜から東農大に推薦した野球部の教え子がノートを見せてくれたり、周囲のサポートに助けられた。3年もかかってしまったが、何とか社会科の教員免許を取得することができた。

こうして、堂々と部長になった私は、「参謀」として横浜を支え、何人もの選手をプロへ送り出していった。

第4章

エースのつくり方

高校時代の松坂大輔と

松坂は「アンパンマン」だった

松坂大輔との出会いは、1993年。彼が中学1年生の時だった。

東京の江戸川南シニアの大枝茂明監督が、なかなかいい選手を育てるという話を聞いた。

「誰かいい選手をくれよ」と頼むと、「いいですよ。でもウチは東京のチームなので、取るのは一人にしてください」と返答された。

グラウンドへ行くと、3年にいい選手が4人いた。私はその中から、一番背が低かった投手の松井光介（元ヤクルト）を指名した。

「え？　松井ですか？」

大枝監督は驚いていた。他校のスカウトとは見る目が違うと思ったらしい。それから縁が深まった。

松坂と出会ったのは、ちょうどその時だ。何気なくブルペンを見ると、身長16

0センチそこその、ずんぐりむっくりした投手が投げていた。聞くと、中学1年生だという。チーム内で「アンパンマン」と呼ばれていたその投手が、松坂だった。

「あいつ、背筋が強そうな投げ方をしている。3年になったら面白くなるかもしれない」

第一印象はこの程度だったが、この時のことが私の頭の片隅にずっと残っていた。

時間を見つけては松坂を見に行くようになった。

中学2年生になった頃は、「まあまあ順調に育ってはいる。でも腕の振りがアーム式になって、おかしな方向に行き始めている」と感じた。

3年になると身長が175センチに伸びて、直球のMAXは133キロになっていた。この年は10回ほど視察した。

好不調の波は激しかったが、私は松坂をすっかり気に入っていた。ショートゴロだろうが、セカンドゴロだろうが、マウンドから捕りに行こうとする。

「あいつ、野球が好きなんだな」

食らいつく姿勢がいい。

「取るのはこの子だ」

直感でそう決めた。

「1年目からはムリじゃないか」

松坂を入学させたものの、渡辺監督は「この子で大丈夫か」と、私に疑いの目を向けていた。

監督が最初に見るのは走る時の腕の振り方。松坂は腕を横に振っていた。脇が開いていて、ヒジの位置も低い。足の上げ方も変だった。つま先が先に出ず、太ももだけが上がっている。

「う～ん」

渡辺は腕を組んで、ため息をついた。

そして投球練習を見て、さらに落胆した。スピードはある。しかし、コントロールがメチャクチャだった。

腕の振りは速かったが、上半身の力で強引に投げている。いわゆるアーム式という投げ方で、身体の使い方がなっていない。

「投手としてはどうかなあ。1年目からはムリじゃないか」

渡辺はブルペンで私に語りかけた。

「でも、どうにかするよ」

私は半分自分に言い聞かせるように返した。

「ワインドアップはいい。雰囲気がある。背筋が強くなきゃ、あんなふうには振りかぶれない。身体が強いんだ」

結局、私たち2人の前で、松坂の球筋は最後まで安定しなかった。

ずんぐりむっくりとした身体つき、アンパンマンみたいにふっくらしたほっぺた、8時20分の情けない眉毛。この子が横浜高校のエースになってくれるのだろうか……。渡辺監督の不安、不満は当然だった。

松坂をスカウトした責任が私にはある。入学してもらった以上、松坂をどうにかして育てようと決意した。

松坂育成計画スタート！

横浜高校には、グラウンドの内外、5ヵ所にブルペンがある。メーンは三塁側ベンチの横。5人の投手が一度に投げられる。

その中央のマウンドは、横浜投手陣にとって特別な意味がある。歴代のエースが使ってきたマウンドだ。

松坂も2年生でエースになってからは、真ん中で投げた。3年に進級した頃には、遊びでも中央マウンドへ上がる投手はいなかった。

しかしそんな松坂も、入学当初はブルペンの端っこが定位置だった。マウンドの横に立たせて、置いてあるボールを拾わせる。それを垂直に耳の上まで引き上げて、それから捕手のミットへ投げる。この練習を入学から6月まで続けた。

しかも、他の選手たちは夜の8時まで練習するのに、松坂だけは6時頃に帰宅させた。

野球部の長浜グラウンドは、校舎から京浜急行・能見台の駅を抜け、望洋台の小山を越えて15分ほど歩いたところにある。行きは部員と固まって進む道を帰りは一人。グラウンドから聞こえる打球音と選手の掛け声が背中に届き、期待に膨らんでいた松坂の胸は、一気にしぼんだことだろう。

もちろん、早めの帰宅は考えがあってのことだ。練習を早めに切り上げさせたのは、まだ身体が鍛える段階になかったからである。

当時、松坂は175センチ、89キロ。ブクブクに太っていて、まともに走れない。まずは身体を絞らないと、激しい練習には移れなかった。「身体を絞れ」と指導したが、腹が減って買い食いをしてしまう。一人で帰らせて悔しい思いをさせれば、自覚が芽生えるのではという計算もあった。

私は初めから松坂を「特別扱い」する指導方針だった。渡辺監督は松坂など眼中にないため、その点は好都合だった。

地獄のノック

身体が絞れてきた6月頃、やっと松坂の本格的な特訓が始まった。

私は3年生の松井を松坂の練習パートナーにした。江戸川南シニアの大枝監督が驚いていた、あの松井だ。松井は中学時代からの後輩である松坂を可愛がっていた。

松井はエース。外からは1年生の松坂がエースの手伝いをしているように見えただろうが、実際はその逆だった。松坂のために、私は松井をつけた。

私は2人を一緒に走らせた。一塁側のフェンス沿いでダッシュ。バックネット前のスペースでペッパー、カニ歩き、開脚、閉脚、ジャンプなど7種類のメニューを組み合わせた。

「ダイスケ、頑張れ」

松井がゲキを飛ばす。すると走るのが大嫌いな松坂の動きがみるみる良くなって、私はニンマリした。

松坂には「アメリカンノック」という練習を、それこそ死ぬほどやらせた。私は選手の息遣いを測りながら、練習量を増減する。

「クソッ！」

「何でオレだけ！」

松坂は怒りながらも、必死についてきた。

きつすぎるため、土日と春夏の休みにしかやらない。一日練習ができる時に限るスペシャルメニューである。

このアメリカンノックは2種類ある。

一つは「世界一周」。外野のフェンスと芝の切れ目の間を使う。私が二塁ベース後方に立ち、選手を右翼から左翼へ芝の切れ目沿いに走らせる。

捕れそうで捕れない位置へノックを繰り出す。選手は必死で打球を追う。1回の「世界一周」で7本をランニングキャッチし続ける。ノルマの本数を連続捕球しないと終わらない。

そしてもう一つは「長浜回り」。内野の芝の切れ目を使う。ファーストからサードまではフライを、逆はゴロを捕球する。

松坂はこれを標準の3倍やった。それからペッパーを倍のセットこなした。こんなに動けるヤツは初めてだった。私の予想をはるかに超えていた。

同期生のエリートたちは「松坂なんて」と見下していた。私は彼らに「あいつは、お前たちが束になってもかなわない選手になるぞ」と言っておいた。

エースにするために

1996年の夏。1年生だった松坂は甲子園にやってきた。レギュラーではなかったものの、練習要員として帯同させたのだ。

絞れてきたとはいえ、油断するとすぐに太ってしまう。私が甲子園にいて、半月以上も留守にしてはまずいと判断した。異例中の異例だが、渡辺監督に無理を言って帯同させ、大阪ではエースの松井以上に1年の松坂をガンガン鍛えた。

「松坂はいつか小倉にブッ壊される」

「松坂を小倉がおもちゃにしている」

周囲から聞こえてきたそんな声も、「松坂をエースにするため」と取り合わなかった。

ただ、宿舎で「1年なんだからどんどん食え」と3年生に〝残飯処理〟をさせられ、せっかく絞った体重がまた戻ってしまったのは想定外だったが……。

「指」を鍛えろ

3年生が引退し、松坂が入寮すると、私はよく彼を部屋に呼んだ。

「松坂、入ります！」

私は寝っ転がったまま、「1分間、3回」と言った。そしてゆっくり起き上がり、あぐらをかいた。肩を揉め、ということだ。松坂は両手の指を立てて「はいっ」と力を込めた。

肩を揉まれながら、つぶやく。

「今日の一言」

一呼吸あって松坂の指に力が入る。

「チェンジアップはクイックで放れ。クイックは足が上がり過ぎ」

指の動きを止めずにその日の練習を振り返らせた。

この肩揉みには、指を鍛える目的があった。松坂は手が小さい。投手としては不利だ。指に力をつけ、私の肩も軽くなる。肩揉みは一石二鳥の「トレーニング」だった。

「ヒマな時はな、指2本、人さし指と中指で何でもいいからトントン叩け。机でいいよ。指先を強くする。皮がむけにくくなる」

そんなアドバイスもした。松坂は最初、これを授業中にやってクラスメートに笑われ、教師に怒られたそうだ。

「ヒマったって時と場所を考えろ！」

そう怒りながらも、松坂の向上心を感じた。

こっちが懸命に教えても、選手に聞く気がなければ意味はない。素質だけでは限界があり、素直なだけでも十分ではない。しかし松坂には、素質も素直さもあった。

大化け

「投手・松坂」を不動にしたのは、2年生の春だ。

1997年春の関東大会での前橋工（群馬）戦。前日も完投していた松坂が、延長十三回を投げ切って完投勝利。しかも延長になってから、どんどんスピードが増していった。

一冬を越え、球速は5キロアップ。142キロを投げるまでになっていた。

この日が転機のメモリアルデーとなった。

渡辺はこの試合の前まで、松坂の野手転向を考えていた。いまだに、投手としての能力に疑問を持っていたのだ。

春季大会は位置づけが難しい。夏の甲子園に向けた前哨戦。公式戦には違いないが、勝ち負けに大きな意味はない。マスコミが注目するわけでもない。チームの戦い方、選手の能力の査定に主眼をおくことができる。

松坂の起用には、そんな渡辺の計算が働いていた。それだけに、この試合の松坂の投球に一番驚いたのは渡辺だった。

「延長戦に入ってからもスピードが落ちない。それどころか増してきた。スタミナも全く落ちない。四球もこの試合ではそんなになかった。これはひょっとしたら、どえらい投手になるかもしれないぞ」

そう嬉しそうに話していた。

渡辺はその後、これまでよりブルペンへ足を運ぶようになった。すると、「不思議なことに気がついた」と言い出した。

捕手が松坂の球をパスボールする。暴投ではないのに、ミットからボールがこぼれる。後ろへそらす。控えだけではない。レギュラーを考えている小山が受けても、ポロポロやる。

ブルペンのホームベース側、捕手の後ろ1メートルくらいのところにネットが張ってある。下の方にたるみを持たせ、後逸したボールが止まるようになっていた。松坂のボールがよくそこへ転がっていく。

渡辺は、ブルペンの脇を通って、キャッチャーの後ろへ向かった。

これはホンモノだ。キャッチャーが捕れなくても仕方ない――。

渡辺は捕手の後ろに立ってそう感じたという。

「ボールにキレがある。目の前で見るとボールがビュッと伸びてくる。キャッチャーがパスボールするくらいだから、打者の目にはもっと速く映る。私は普通、投手の後ろから投球を見る。そこからではボールの伸びは分からなかった」

松坂の球速は140キロ近くあった。高校生のレベルではトップクラスである。加えて伸びがあった。初速と終速の差があまりなかった。

さらに球数が増えてもスピードは落ちない。600球を平気で投げるスタミナがあるから、連投もできる。つい数ヵ月前まで野手転向も考えていた渡辺が、松坂をエースとして見るようになっていった。

渡辺にとって、嬉しい誤算どころではない。

これで背番号「1」が決まった。私はそう確信した。


野手はそろっていた。私もかなり熱心にスカウトしたし、OBたちが勧誘に動いてくれたおかげで、いい選手が集まっていたのだ。この攻撃陣なら、かなりいいところまで行けるという思いは元々あった。

1998年に開かれる神奈川国体への出場権がもらえる、夏の甲子園のベスト4が目標。しかし、渡辺のその構想を松坂が変えた。

松坂が予想以上の好投手になり、このまま順調に成長すれば、優勝も狙える。そう手応えを感じたようだ。

ただ、依然として制球力には難を残していた。私は知恵を絞った。

ブルペンのマウンドに防球ネットを運んできた。ネット3つで檻をつくって、ホームベースの方向だけ開ける。

1メートルの幅の中で松坂は投げる。ネットに触れないように、テークバックを小さく、フォローを大きく取る。フォームを矯正し、制球力をつけさせるためだった。

ホームプレートの左端にボールを置き、命中させる練習も重ねた。

スカウトを驚嘆させた器用さ

入学して1年が経過。ノックやペッパーで、身体はかなり絞られた。89キロあった体重は82キロになり、フォームも矯正した。上半身と腕の力に頼る、いわゆるアーム式だった投げ方は、身体のしなりを使う豪快なものになった。

球速は140キロにまでアップしていたが、さらに速くなりそうな可能性が見えた。当初は身体づくりに2年かかると覚悟していたが、予想以上に早く仕上がり、指導内容も徐々に高等技術へと移っていくことができた。

新たに教えたこと。その一つは変化球だ。

松坂は変化球を教えると、すぐにマスターした。

「こういうふうに握って、こうやって投げなさい」

そう言ってやらせてみると、すぐにできる。実に器用な男だった。手と指先の感覚が優れていた。これほど飲み込みが早い選手は初めてだった。

スライダーはすでにあった。しかし、変化はいまいち。カーブも甲子園で通用するレベルではない。この2つを徹底的に教え、さらにチェンジアップの投げ方も指導した。松坂はその全てを短期間で完璧にマスターした。

当時、松坂のカーブを見た広島・関東地区担当の渡辺秀武スカウトは私にこう話していた。

「2年の春にはカーブは投げていなかったですよね。スライダーが良かったから、他の変化球はいらなかったはずでしょう。ところが、夏にはカーブを投げている。

器用さに驚きました。プロの投手でも普通は変化球をマスターするのに1年くらいはかかりますよ」

ただ、疑問もあった。なぜ変化球ではフォームが安定しているのに、直球になると崩れるのか。

松坂はストレートを投げる時、左肩の開きが早かった。だからボールがすっぽ抜け、シュート回転して甘いコースにいってしまう。しかし、変化球を投げる時は、それがない。制球力もあった。

そこで試しに、「変化球の投げ方でストレートを投げてみろ」と言ってみた。すると途端に、直球の制球も良くなった。身体のバランスが取れるようになったのである。

私は松坂のプロ入りを考えるようになった。そのための練習をしようとも思った。

この頃から、スカウトたちも松坂をマークし始めた。入学当初は考えられないことだった。

ベイスターズが日参

「コイツらナメくさるから来ないでくださいよ！」

横浜の長浜グラウンド。私はノックを振るう手を休め、稲川誠氏に声をかけた。すると稲川氏は、小さく肩をすくめ、「ああ。いやあ」と曖昧な返事をして笑った。当時の横浜ベイスターズの神奈川担当スカウトである。彼も松坂が2年になってから、横浜のグラウンドに日参するようになっていた。

ノックを再開。松坂には捕手のプロテクターを着用させた。

「いくぞ！」

痛烈なライナーを見舞う。松坂はグラブに当てるのが精いっぱいだった。

「ほら、捕らんか！」

さらに痛烈なライナーを打った。

異様な光景だったと思う。私と松坂は至近距離で向かい合っていた。およそ7メートル。その距離でノックを受けさせる。さらに、後ろで手を組ませた。ライナーが飛んでから、グラブを差し出す。普通は打球に触るだけでも大変だ。

打球が顔面を直撃し、松坂のマスクがガツッと音を立てた。身体がグラッと揺れた。しかし、ひるんでいる余裕はない。すぐに次のノックを打つ。今度はワンバウンド。土ぼこりが立つ。跳ねたボールがレガースを直撃する。

速射砲のようにノックを浴びせ続けた。

グラウンドのホームベース後方。殺人ノックを受けているのは松坂一人だけだった。打球音しか聞こえない。周囲は固唾をのんで見守っていた。

稲川氏が見ていても私は容赦しなかった。

プロに行くための練習

私は稲川氏に「来ないでくれ」と言ったが、内心は逆だった。

スカウトが来ると、いいところを見せようと、目に留まりたい一心で選手たちは一生懸命やる。それは松坂も同じだ。だから私は、「来るな」と言いながら、彼の存在がありがたかった。スカウトをうまく〝利用〟したのだ。

危険な練習だが、松坂がプロに行くためには必要な練習だった。打球に対する恐怖心を克服して慣れることが目的だ。捕手を除けば、野手の中で投手ほど打者に近い位置で守るポジションはない。投手には捕手のような強固なプロテクターはない。

投手には一番強烈な打球が飛んでくる。しかも、投げ終わってから守備の体勢に入るのだ。捕るか避けるか、一瞬の判断の誤りが大ケガにつながる。松坂のような選手にしかやらせない練習だった。

スカウトの前なら松坂も気を抜けない。緊張感の必要なメニューだったのである。

稲川氏は連日、姿を見せるようになった。松坂を育てる側と引き取る側。それぞれの動きが激しくなった。

横浜高校とベイスターズには太いパイプがあった。グラウンドの門をくぐれば、すぐ右手に横山道哉の寄贈した記念樹がある。さらに10メートルも進めば、ブルペンの並びにロッカーがあり、そこには「贈・紀田彰一」の名札がかかっている。2人とも横浜高校から横浜ベイスターズに入団した選手だ。

当然、稲川氏も松坂の横浜入りを熱望していた。

県大会敗退の衝撃

波乱が起きたのは2年の夏。神奈川大会準決勝、Y校との一戦だった。横浜スタジアムで松坂は、「背番号1」をつけて先発。八回までY校打線を3安打1失点に抑えていた。しかし横浜の1点リードで迎えた九回裏、松坂が暴投。サヨナラ負けで、夏の甲子園が夢と消えた。

100パーセント勝てる試合だった。安打と四球で20人以上の走者を出しながら、わずか2得点。盗塁失敗と残塁の山を築いた。そして、最後はエースの暴投で敗戦。

下馬評は圧倒的に「横浜有利」だった。松坂が急成長した当時の横浜は、史上最強といわれていた。目の肥えたファンの間では、「甲子園で優勝するかどうか」とすら話されていた。それがまさかの県大会の準決勝敗退。時の運などでは片付けられなかった。

スタンドからは、渡辺監督に対し、容赦なく罵声が飛んだ。

「バカヤロー！　渡辺っ、お前なんか辞めちまえ！」

渡辺はこのヤジに、体が震えるほど怒った。

「おう！　辞める！　お前らに言われんでも、辞表出す！」

怒りのまま、渡辺はベンチの松坂を無視した。落ち込んでいるエースを、である。

人格者として知られる渡辺が、なぜこんな態度を取ったのか。

実は渡辺は、体調を崩していたのだ。というより、最悪に近かった。

県大会に入った直後、渡辺は不整脈を起こしていた。積年の過労で心臓はもともと悪かったが、この時は特にひどかった。自宅近くの横浜・金沢区にある「若草病院」に緊急入院。診断結果は「心房細動」だった。

絶対安静と言われ、病床にあった渡辺だが、予選が気になって仕方なかったという。

松坂号泣事件

このチームは2年生主体。松坂は絶対的エースで、歴代最高チームとの声があった。しかし、それが逆に渡辺にとって不安でもあった。

グラウンドに出たい。しかし当然、主治医は「何をバカな」と取り合わない。渡辺は腹を決めた。人がいない隙を見計らって点滴の針を外し、ベッドから抜け出す。そのままタクシーに乗り込んで病院を脱出した。

ユニフォームを着た渡辺は、さすがにつらそうだった。立ちくらみがする中、それでもムリを押して準決勝まで勝ち進んだ。だが、その準決勝で松坂がサヨナラ暴投。渡辺は疲労と絶望に怒りが重なって、我を忘れた。

渡辺にしては珍しく、エースを慰める言葉は思い浮かばなかったという。

一方、松坂は立ち上がれなかった。

ベンチに座ったとたん、泣き出した。体を激しく震わせて、火がついたように泣いた。

3年生のレギュラーは、主将の中島周一ひとり。それでも松坂が泣いたのは、出られなかった3年生に申し訳ないという気持ちだったのだ。2年生主体のチームで、自分がエースで負けた。責任感と自分のふがいなさ。悔しいという言葉では片づけられない敗戦だった。

悔しさが糧になった

涙が乾く間もなく、私は渡辺監督のツテを頼り、群馬・月夜野で10日間の夏合宿を張った。私はここで、松坂を徹底的にしごいた。

「お前が倒れるか、オレが倒れるかだ」

「アメリカンノック」を容赦なく浴びせた。松坂が一塁側のベンチ前からライトのポールに向かって全力で走る。40メートル走ったら一度振り返る。

私はその瞬間、一塁側のベンチ前から、50メートルから55メートル付近に捕れるか捕れないかのギリギリの地点に飛球を打ち上げる。「50本取りきり」がルール。50回捕球しないと、いつまでも終わらない。マンツーマンの時は、行きは全力、帰りは止まらない程度に軽く走る。

「23本〜、24本〜」と数えながら、ひたすらファウルゾーンを前後に往復させた。

２００〜２５０本、真夏の炎天下に4時間以上もぶっ続けの地獄のノックである。

これだけやったら普通は倒れる。だが、松坂はついてきた。もう二度とあの悔しさは味わいたくない。そう思っていたのだろう。

とはいえ、あまりの苦しさに松坂が私に食ってかかってきたこともある。

「何でボクだけこんなにキツい練習するんですか？　他のピッチャーもやればいいじゃないですか！」

もちろん、他の投手だってやるにはやる。だが、松坂ほどはやらせない。やらせたってできない。

「他の投手が信頼できないからだよ。おまえが3連投するくらいじゃないと勝てない」

「お前はオレの恋人みたいなもんだ」

そう言って松坂をなだめたものだ。

「ふざけないでくださいよ！」

そう言って怒る松坂に、もともと体力があったわけではない。ただ、やればやるほどスタミナが増していく、身体の強さがあった。

ピッチャーズ・バイブル

2年の秋。渡辺はトレーニングジムに松坂を送り込んだ。当時、恵比寿にあった「ライフ・サイエンス・ラボラトリー」というジムだ。松坂はそこで、身体を鍛えただけでなく、新しい刺激を受けた。

私も視察に行ったが、大いに感心したのを覚えている。米国の最新の機器がそろっていた。そこにしかないというマシンもあった。鈴木尚典（元横浜）の頃から選手を送っていた。

量をやらせるのではなく、選手の体力に合わせてメニューを組む。データを取って、数値で選手の伸びが測れるのも良かった。

松坂はいきなり脈拍を取られて驚き、珍しいマシンに感激したという。全てのメニューが、数値によって管理されていた。

米国人経営者は渡辺に注文を出した。

「来る前にキツイ練習をさせないで欲しい。数値を正確に取りたいので、バテバテの身体では困る」

その言葉に従い、渡辺は松坂ら、ジムに行く投手には走り込みをさせなかった。トレーニングも免除した。

寮生は夜8時から寮の3階で素振りやシャドーピッチングをやる。その時間、松坂たちはジムで「アメリカ」を味わっている。恵比寿で8時から9時まで。高校の最寄り駅の能見台から1時間半かけて通う。寮を6時に出て帰りは11時になった。月水金の週3回。2年の秋から冬にかけて、松坂は「自由な空気」を吸うことができた。

だが、渡辺が言うには、たまにジムをサボって遊びに行っていたかもしれないという。渡辺が電話を入れたところ、松坂らが出ないことがあったからである。

いずれにせよ、米国の最新マシンで体を鍛え、ドクターの数値チェックで科学的に筋力を伸ばした。また、野球へのモチベーションも高まった。

寮に戻って、松坂はノーラン・ライアンの「ピッチャーズ・バイブル」を読み、筋力トレーニングの重要性を知った。尊敬する160キロ投手のトレーニングを自分もやっていることに満足のようだった。

松坂の球速は142キロから147キロになっていた。

松坂との特別な絆

その後、3年になった松坂は甲子園を春夏連覇。当然、その年のドラフトの目玉になった。怪物の行方をマスコミが盛んに取り上げ、私もその対応に追われた。

日ハム、横浜、西武の3球団競合の末、指名権を獲得したのは、西武。東尾修監督が当たりクジを引いた瞬間、松坂がニヤリと笑ったのをよく覚えている。

プロ入り後の松坂の活躍ぶりは、今さら私に説明されるまでもないだろう。

2015年、そんな松坂が2006年以来、9年ぶりに日本球界に復帰した。

2014年の1月に、こんなことがあった。

横浜高校のグラウンドへ行くと、何と松坂がキャッチボールをしていたのだ。松坂からは何の連絡もなかったので、「誰に断ってグラウンドを使ってんだ!」と怒鳴ると、きょとんとしていた。だから、こう言ってやった。

「誰が何と言おうと、お前を探してきて鍛えたのはオレだ! お前はオレが育てたんだよ! それが何年も連絡もよこさねえで、何やってんだ!」

メジャーリーガーにもなって説教されるとは思っていなかっただろう。私にとって松坂は、それだけ特別な教え子なのだ。

そんなことがあったから、2014年10月に横浜市内で行われた私の退任謝恩パーティーに、わざわざ米国から駆け付けてくれた。

横浜を辞める時、「秋に米国に招待します」と言われていて、実は楽しみにしていた。

「あの話はどうなった?」と聞くと、「また来年にしましょう!」との返答。その頃はまだメジャー残留が第1希望だった。しかし、その後に「日本に戻るかもしれません」とも。メジャーにこだわれば年俸は1億円ほどになっていただろう。それに比べ、ソフトバンクは「年俸4億円の3年契約」と報道されているから破格である。

日本球界に復帰しても、家族は米国に残して単身赴任だという。松坂によると、メジャーは遠征が多く、シーズン中は30日程度しか自宅に戻れないらしい。日本ならその2倍の2ヵ月ほどは自宅から通える。

子供が米国の学校に通っているが、夏休みが3ヵ月近くあるようなので、その間だけでも家族が帰国すれば、メジャー時代より一緒にいられる時間が増えると話していた。先発機会や条件面など、総合的に判断して決断したのだろう。

2011年6月に右肘を手術した松坂は、復帰後は肘が下がって担ぎ投げになっていた。本人に注意すると、「自分でも分かっているんですけど、上げたくても上げられないんです」と苦悩していた。

いつだったか、松坂に「日本ではやるな。メジャーで終われ」と言ったことがある。松井秀喜は米国で引退した。一時代を築いた男だけに、帰国して衰えた姿をさらして欲しくないという思いもあった。

特別な教え子だからこそ、何とかもう一花咲かせて欲しいと思っている。

涌井秀章に一目惚れ

一年間に10回も通い詰めた松坂の時とは違い、中学時代に一イニングを見ただけでスカウトしようと決めた選手がいる。

涌井秀章だ。

「春の大会でノーヒットノーランをやったいい投手が千葉にいる」

松戸シニアの涌井の噂は聞いていた。だが、目黒東シニアにも追い掛けている投手がいて、視察のタイミングが合わなかったのだ。

声は掛けてあったので、2001年夏に涌井の父親と本人が、横浜高のグラウンドに面会にやってきた。神奈川の強豪・桐蔭学園からも誘われていて、翌日に見に行くと話していた。

「桐蔭は設備もいいし、あれを見られたらウチはギブアップ。これは涌井は取れないな」

渡辺監督と顔を見合わせた。すると、涌井のオヤジさんが言った。

「息子をプロにしたい。松坂さんを育てた小倉部長がいる横浜高校がいいんです。何とか入学させてください」

オヤジさんも本人も、1998年の松坂世代の活躍が強烈に脳裏に焼き付いているようだった。桐蔭学園には行かず、即入学が決まった。

「分かりました。責任を持って涌井君を凄い投手にします」

そういう経緯で入学した涌井だが、ちゃんと見てみたら普通の投手だった。目黒東シニアから入学した同級生の伊藤余美也のほうが、よっぽどいい球を投げていた。

松坂と正反対だったのは、ランニングが好きなこと。私が二塁ベース後方からバックスクリーン近くにノックを打ち、ライトポール付近から涌井が全力で捕りにいく「スピード」というアメリカンノックが好きで、「部長、やってください」と、よく自分から頼んできた。

走る練習は誰だって嫌いなものだが、涌井は違った。走ることが好き。この能力が成長を助けた。

松坂ともやった「肩揉みトレーニング」を涌井にもやらせた。当時の私は週に3回ほど寮に泊まり込んでいた。部屋に呼ぶと「オレの肩の筋肉を切れ」を合図に1分間、思いっ切り私の肩を揉み続ける。

「おい、全然痛くねえぞ」

これが結構、疲れる。1分間1セットの「肩揉み」を3～5セット。私の肩を揉んだ数は松坂より涌井のほうが多かった。

丈夫だった高校時代の松坂でさえ、股関節を故障したことがあったが、涌井は松坂以上にケガをしない。「無事これ名馬」だった。

これならプロに行ける

涌井がエースになった2年秋。2003年の神奈川県大会で、渡辺が長い監督生活の中で一番怒り狂った「事件」が起きた。

3回戦の横浜隼人戦。先発した涌井が序盤から打たれ、7―8で敗退した。私は次の試合をにらんで横浜商大高の偵察に行っていた。「隼人に負けた」と聞き、帰ってみたら渡辺監督がこれでもかと涌井に罵声を浴びせていた。

「このヤロー！　何考えてんだ！　お前なんかエースじゃねえ！　野球やる資格はねえ！　辞めちまえ！」

ボロクソである。500人を見たとしたら499人にボロクソ言う私は「鬼」部長。だが、渡辺はめったなことでは怒らないから、どちらかというと「仏」監督。2人でバランスを取っているところがあった。それが、鬼の形相で怒っている。

20年近く一緒にやってきた渡辺の、初めて見る姿に驚いた。

理由を聞いた。試合後に涌井が脱いだスパイクがペッチャンコだったのだ。監督がそれを見つけ、「何だ、このスパイクは！　歯がねえじゃねえか！」と激怒したのだった。

投手が踏み出す左足のスパイクの歯がほとんどない状態で投げていては、ズルズルと滑ってしまう。エースを任せているのだから、これはとんでもないことだ。春のセンバツ出場がかかった大事な秋の公式戦で、あまりに無頓着な姿勢を監督がとがめるのも無理はなかった。

プロに行くレベルになってきたな、と思ったのは3年の春だった。130キロ台だった直球が140キロ台に乗った。実は2年の春に「順調に育っています。3年の夏になれば148キロくらい出るでしょう」と涌井のオヤジさんに話していた。

私はプロ入りすると思った投手には、フィールディング、クイックモーション、牽制の3つを徹底的に仕込む。これができないと、プロ入りしても一軍に上がるまで2～3年はかかってしまうからだ。プロで1年目から投球に専念できるよう、しつくやる。涌井は松坂と同じレベルでできるようになった。

予想通り、球速も3年の春から最後の夏にかけての数ヵ月で7～8キロもアップし、148キロに達した。コツコツと走り込んできた成果が表れた。

夏の甲子園ではベスト8で駒大苫小牧（南北海道）に敗れたが、秋の国体では決勝戦でダルビッシュの東北（宮城）に勝って優勝した。涌井のオヤジさんに「横浜に行かせて本当に良かった」と言われた時はうれしかった。

涌井とは今でも1ヵ月に数回ほど電話で話をする。

「おい、ステップが広くなったな。あんまり広いと後ろ足がついていかねえぞ」

2013年、調子を落としていた頃にはそう告げた。

「よく分かりますね」

涌井は驚いていた。

ガラスのエース・成瀬善久

中学時代、「栃木のドクターK」と言われた成瀬善久の入学は、意外にもすんなり決まった。

栃木県小山市の桑中学で全国大会に出場し、1試合16奪三振の快投を見せた。地元の作新学院、東京の日大三、石川の遊学館など、強豪校がこぞって勧誘に乗り出す、軟式では有名な左腕だった。

私は横浜に入れるのは難しいと思っていた。それが2000年10月、成瀬の方から「横浜に行きます」と言ってきた。

2学年上で当時の横浜のエース畠山太が、成瀬と同じ栃木の軟式野球出身だった。畠山と成瀬は別の中学だが、監督同士が師弟関係という縁があり、横浜入学を勧めてくれたのだった。

中学時代はオーソドックスな投球フォームでコントロールが抜群の投手。ノビがあって球が浮き上がるから三振が取れた。一方でMAXは130キロ弱とスピードがない。

入学早々、渡辺監督と私は成瀬の投球フォームの改造に着手した。

「星野のマネをして投げてみろ」

星野とは、スローカーブなどの「超遅球」を武器に、オリックスや阪神で活躍した技巧派左腕・星野伸之。彼を参考に、成瀬のテークバックを小さくして、投げる直前まで左手を背中のほうに隠し、腕の振りをコンパクトにした。現在の「招き猫投法」といわれる変則フォームの原型はここにある。

成瀬はプロ入りした教え子の中で、最も手がかからない優等生だった。松坂や涌井は高校で「作った感」が強いが、成瀬はある程度できあがった投手だった。ほとんど四球を与えない。ノースリーからでも簡単に歩かせないから安心感があった。

半面、スタミナがないという「欠陥」もあった。1試合投げると中1日空いても2イニングを投げるのがやっと。連投はまずできなかった。

そんな「ガラスのエース」の扱いには細心の注意を払った。私の40年を超える指導者人生で「壊さないようにしよう」と思った唯一の投手が成瀬だ。松坂や涌井のようにガンガン鍛えたら故障してしまうかもしれない。投げ込みではブレーキをかけることもしばしばあった。

3年になり、エースへと成長した成瀬で臨んだ2003年のセンバツ。決勝戦の相手は、西村健太朗（巨人）擁する広陵（広島）だった。前日の準決勝の成瀬の球数は120球。連投すれば5〜8キロは球速が落ちてしまう。決勝は無理だと思っていた。

決勝の先発を巡り、渡辺と私の意見が衝突した。渡辺は「決勝だからエースでいこう」と成瀬を推した。私は「2年の涌井のほうが確率が高い」と進言した。結局、先発した涌井が捕まり6失点。リリーフした成瀬も9失点した。3—15の大敗。今やプロで活躍する2人のどちらが先発していても、結果は同じだったと思う。

しかし渡辺は、「もし成瀬を先発させていたら」と今でも言うことがある。

プロ志向の強い男

成瀬には、「練習制限」以外にも、唯一だったことがもうひとつある。野球部を引退後、私の自宅に転がり込んできたことだ。

「ボクひとりで合宿所に残ってもつまんないし、部長の家から学校に通ってもいいですか?」

成瀬の代は、県外出身者が彼一人だけだった。成瀬は寮に残って2学期以降も学校に通っていたのだが、同級生はみんな実家から通えるため寮を出てしまった。もちろん、1学年下の涌井など下級生はいるが、上級生一人で寮住まいは気まずいというわけだ。

「お前、オレと話ができんのか?」

私はグラウンドで散々怒りまくってきた「鬼」部長。私とはできればグラウンド以外では会いたくないと思って当然だ。それなのに、「一緒に生活しましょう」なんて言うヤツがいるとは驚いた。だが、成瀬は平気だという。空いている2階の10畳、テレビ付きの部屋を貸した。

暮らし始めたはいいが、夜になって2階で何やらゴソゴソと音がする。「あれ？成瀬はまだ帰ってきてなかったよな」と思ったら、そっと帰宅して何も言わずに2階に直行していた。

「帰ってきたらひとこと言え！バカヤロー！」

怒っても、成瀬は涼しい顔をしていた。

朝、授業があるから私も学校へ行く。「おい、学校まで車で送っていくぞ」と言うと、「部長と一緒に登校なんて嫌です」と、わざわざ電車で通学していた。

プロ志向が強い男だった。松坂や涌井はドラフト1位の選手だが、スピードがない成瀬はプロではどうかと思った。渡辺も「成瀬は大学だ」と話していて、亜細亜大進学も内定していた。だが、本人は「大学なんて絶対に行きたくない」と言って聞かない。理由は2学年上のエースだった同郷の畠山太が日大に進学し、酷使されているのを知っていたからである。確かに連投ができない成瀬は、大学に行ったら壊れていたかもしれない。

仕方がない。地元の横浜ベイスターズのスカウトに聞いてみた。すると、「成瀬はいらない」とピシャリ。中日も「取れない」と言う。ロッテのスカウトに「7～8勝はするから、それでいいじゃねえか」と売り込んだら、2003年ドラフト6巡目で何とか指名してもらえた。

プロ入り4年目の2007年に16勝1敗で防御率（1・82）のタイトルを獲得。2009年からは11、13、10、12勝と、4年連続で二ケタ勝利を挙げた。下位指名で入団した高卒選手が、「7～8勝」どころではないエースに成長したのだから、1位で入った松坂や涌井とは違う感慨が成瀬にはある。

問題児・多村仁志

成瀬が一番手のかからない優等生なら、一番の問題児は多村仁志（DeNA）である。

この代は、斉藤宜之（元巨人など）、紀田彰一（元横浜など）、矢野英司（元横浜など）がいて、個人の能力でいえば、松坂世代以上の歴代最強チームだった。しかし、4人がプロに行くくらいのチーム。「オレがオレが」となってしまい、最後までひとつにまとまらなかった。

中でも、一匹狼の多村の持って生まれた「瞬発力」は群を抜いていた。これまでの教え子の中で、足と肩はナンバーワン。鉄砲肩でセンターから物凄い返球をする。だが、身体ができていないから爆発的な瞬発力に筋力がついていかない。故障が多く、「足が痛い、肩が痛い」と言ってはよく練習を休んだ。

1年生の時はサボりも多く、渡辺監督や私がとがめると、ふてくされてそのまま帰ってしまう。「辞めたい」と言ってきたことも一度や二度ではなかった。「おう、もう辞めちまえ！」でよかった時代もあったが、そうはいかない。なだめたり、すかしたりして多村を説得するのだが、気に入らないことがあると、またすぐに「不登校」になってしまう。そんな困った男だった。

1994年、多村たちが3年の時、夏の甲子園前の練習日にある事件が起きた。神戸製鋼のグラウンドへバスで向かい、ウォーミングアップを開始した。だが、多村はベンチに座ったままのんびりとスパイクの紐を交換していた。

「バカヤロー！　もう練習が始まってるだろうが！　バスに2時間も乗っていたのに何でその間にやっておかねえんだ！」

すると、案の定ふてくされた多村がプイといなくなってしまった。あちこち捜したら、何と駐車してあった無人のバスに乗り込み、外から見つからないように、座席の下の床に体育座りをしていたのだ。本当に世話の焼ける男だった。

そうかと思えば、可愛いところもある。監督がプロ入りする選手に必ず言うことがある。

「金は身体を鍛えるために使え。年齢に合った生活をしろ。引退してから困るから、決して無駄遣いはするな」

そうは言われても、例えば独身の涌井は、飲み歩くのが大好き。だが、多村は違った。プロ入り以来、監督に言われたことを忠実に守り、「無駄遣いはしない」とコツコツ貯金をしていたらしい。やんちゃなヤツだったが、そういう一面もあった。


この代には多村の他にも、プロ期待の好打者がいた。

巨人に入団した左打者の斉藤は、切れ味鋭い打撃が特徴。左ヒザをクッと中に入れる「送り」が速く、腰の回転も速い。入学した時点で「プロだな」と思った数少ない逸材である。高校通算39本塁打。50メートルのタイムは5秒8で、多村と同じくらい足も速かった。私の中学の後輩でもあり、家も近かったので、練習後に焼き肉に連れて行ったりしてかわいがった。

紀田は1年生から4番を打たせ、通算41本塁打。三塁手で強肩。キャッチボールをやらせると、捕球時にグラブの真芯で捕れるから「パチーンパチーン」と実にいい音がする。その技術を生かすため、1年生の夏過ぎに「プロで長く活躍するなら捕手だぞ」と転向を勧めたことがあったが、紀田の父親に猛反対されて断念せざるを得なかった。

矢野は後にも先にもひとりしかいない一般入試組からエースになった男である。目はつけていたが、日大藤沢に進学すると聞いていた。それがなぜか落ちてしまい、一般入試で横浜を受験して入ってきたのだ。矢野は涌井と同じように走力があったから、徹底的に鍛えた。肝心なところで制球が甘くなるところはあったが、直球は145〜146キロ。スライダーもキレてフィールディングもいい。矢野の入学は幸運だった。

1994年、このメンバーが3年生になり、春夏連続で甲子園に出場。夏は優勝候補にも挙げられていた。

甲子園に行くと、練習時間、場所、道具などが思うように確保できず、練習不足に陥る。この時も打撃練習を満足にできる環境が整わなかった。通常通りの練習ができる関西のチームはそれだけで有利といえる。この頃はまだ、我々にも選手にも「甲子園に出られればいい」という甘い考えがあった。夜は「8時からバットを振っておけよ」と言うだけで、私は飲みに出掛け、渡辺も放任していた。宿舎はまだ大部屋で、選手がぺちゃくちゃとしゃべって、なかなか寝ない。まるで修学旅行のような雰囲気だった。

初戦、4番の紀田が4打席連続で敬遠気味の四球で歩かされ、那覇商（沖縄）にあえなく敗退。これだけ能力が高い選手がいながら甲子園で勝てない。渡辺と「このままではダメだな。横浜にいる時とできるだけ同じ環境で練習しよう」と打開策を話し合い、次の甲子園からやり方をガラリと変えた。

宿舎の部屋は全員個室にし、2トントラックを借りて自前の打撃マシン2台を持ち込んだ。夜間は新聞紙を丸めて打たせたり、駐車場でスイングをさせるのも付きっきりで指導した。私たちも多村や斉藤ら、最強世代の「失敗」から学んだことが多かった。

歴代最強スラッガー・筒香嘉智

衝撃の第一印象だった。

「ぜひ見て欲しい選手がいるんです」

堺ビッグボーイズの関係者から連絡を受け、大阪に練習を見に行った。身長は180センチを超え、体重は90キロ。本当に中学生か？　という体格をしていた。

左打席のフリー打撃を見たら、両翼95メートルはあるグラウンドで7連発。ポンポンとスタンドに放り込むパワーに「これは凄い」と、唖然とした。その中学生がニヤリと笑ってこう言った。

「ボク、右のほうも自信があるんですよ」

右で打ってもサク越えを連発した。当時はスイッチヒッターだった筒香嘉智（DeNA）との出会いである。

筒香が中学3年の時、2006年10月のことだった。これだけの逸材だから、地元のPL学園が熱心に勧誘していたという。その他の関西の強豪校からも誘われていたらしいが、筒香がこう言った。

「松坂さんたちの活躍を見て憧れていた横浜高校に入りたいんです」

願ってもないことだ。私は思わず「いやいや、こちらこそ、お願いしますよ」と言っていた。

入学早々、フリー打撃をやらせたら、8球連続でスタンドに放り込み、上級生たちの度肝を抜いた。横浜のグラウンドは、フェンス後方約10メートルのところに高さ12メートルほどのネットが張ってあるが、それをはるかに越え、後ろにあるマンションに飛び込んでしまった。150メートル級の飛距離がないとそこまでは届かない。筒香はそこに打ち込んだ。住民が危ないので、右翼側だけ「筒香ネット」をつくり、さらに6メートルかさ上げしたほどだ。

1年生で4番を打たせたが、天狗になることはなく、素直な性格。先輩にも後輩にも好かれる明るい男だった。

筒香が2年の2008年夏、甲子園の準々決勝、聖光学院（福島）戦で満塁本塁打を含む2連発。1試合8打点の最多タイ記録を作り、ベスト4入りに貢献した。しかし、欠点もあった。バックスイングするとき右肩を投手側に倒してから始動するので、肩が前後に動いて速球に振り遅れてしまうのだ。

「お前はパワーがあるんだから、そんなにヘッドを入れなくても飛んでいくぞ。イチローのように構えたところからすっとバットを出せ」と言っても、「これだけは変えません」とキッパリと言う。そんな頑固なところもあった。

高校通算69本塁打。足の故障で離脱した期間がなければ、100～120本は打っていたのではないかと思う。

筒香の実家は和歌山。親戚が営む農家から米、ミカン、カボチャなどの季節の野菜を、収穫のたびに大量に野球部の寮に送ってくれて、ずいぶん助かったものだ。

私が見た中で、飛距離と打球の速さはナンバーワン。他校を含めても清原、松井に匹敵する打者だ。

ショートが弱いチームは勝てない

歴代のナンバーワンチームはやはり、1998年に甲子園春夏連覇を達成した松坂の代。私の理想の8割までいけた。

2番目は1996年の松井光介（元ヤクルト）、阿部真宏（元近鉄など）の代。能力的には4番目くらいだが、野球の内容、質が高かった。

一言でいうと状況判断のレベルが違う。たとえば、右投手が二塁へ牽制する場合、普通は左に180度回転して投げる。それと、右に90度回るものもある。二塁走者にとって、プレートを外さない右回りの牽制は、本塁への投球と区別がつきにくい。投手と目が合うため、なかなかリードが取れない。

しかし、阿部は違った。私がある投手の90度の牽制のクセを完全に見抜き、ミーティングでポイントを教えると、投手の足が上がった瞬間、見られていても三塁にスタートを切れた。もちろん悠々セーフ。教えれば誰でもできそうなものだが、実はほとんどの選手ができない。判断力と度胸。阿部のセンスはずぬけていたが、松井たちの代はできる選手が多かった。

二塁に走者がいる時、「セーフティーバントの構えをしろ」というサインがある。走者がいても、バントの構えを見ると、三塁手が慌てて前に突っ込んでくることがある。そうすれば三塁ベースはガラ空きになり、やすやすと三盗ができる。この代はこういうサインも出しやすかった。

阿部は遊撃手で守備の要でもあったが、ショートがうまくないチームは勝てない。私は中学生をスカウトする時、投手10人、遊撃手10人、捕手1人を取るのが理想だと考えている。中学で遊撃を守っているヤツは、だいたい一番守備がうまい。ショート経験者なら、高校に入ってから他のポジションにコンバートすることもできる。

プロに入るためには、何と言ってもまずは強い身体をつくることが必要になる。厳しい練習に耐えられる体力がなければ上には行けない。ましてや厳しいプロの世界で活躍するのは難しい。「無事これ名馬」というが、まさにその通りだ。

もうひとつは努力だ。これまでの指導者人生のなかで、中1で「神童」、高1で「天才」、高3で「ただの人」という選手を数多く見てきた。松坂や涌井と比べると、最近の選手の練習量はわずか3分の1程度。これではいくら能力があっても、プロなんて夢のまた夢だ。

現在、横浜ＤｅＮＡで活躍している石川雄洋も私の教え子だが、彼も毎日深夜０時近くまで寮でバットを振っていた。

現状に満足せず、いかに「自主的」に練習できるか。これがプロに入れるかどうか、成功できるか否かを分ける。

第5章

あらゆる局面を想定せよ
《虎ノ巻　守備編》

正しい捕球姿勢を学びながら股関節も鍛える、横浜の名物練習

備えあれば憂いなし

「こんなプレーは教わっていない！」

私の信念は、選手たちにこう言われないようにすることである。

だから横浜では、実戦で起こりうる、ありとあらゆることを想定して練習する。備えあれば憂いなし。仮に100試合に1回しか起こらないようなプレーでも、私は教えておきたい。

たとえば無死もしくは一死一、三塁の守備で、バックネット近くにファウルフライが飛び、捕手が捕った場合。もし一塁走者がタッチアップしたらどう対応すればいいか。

まずはマウンド周辺、やや本塁よりに二塁手か遊撃手が走る。飛球が一塁側なら二塁手、三塁側なら遊撃手。中継しないほうは二塁へ、投手は本塁のベースカバーに入る。まず捕手は低くカットマンに投げる。ダイレクトで二塁へ送球するなんて言語道断。直接投げれば、送球の軌道が高くなり、三塁走者が生還しやすくなってしまう。中継した内野手は、通常なら左向き、つまり一塁側から振り返って二塁へ送球するが、これは逆。あえて右回りで二塁へ投げる。三塁走者を目で牽制しなければならないからだ。

そんな局面がいつ訪れるかなんて誰にも分からない。50試合に1回もないかもしれない。それでも、可能性があることは練習しておく。それが私の信念である。だからこそ、逆に選手たちへの要求も高くなる。これは何のための練習なのか。今、求められていることは何か。頭を使わないと、野球はできない。

捕手に必要な能力

最も「考えること」が必要なポジションが、「扇の要」と言われるキャッチャーだ。その分育てるのは難しいし、覚えることも、教えることも山ほどある。

捕手に必要なものは何か。順を追って紹介していこう。

まずは肩だ。といっても遠投力ではない。100メートル投げられようが、120メートル投げられようが意味はない。必要なのは42〜43メートルを速くて強い球が投げられる肩。これは本塁から二塁までの約38メートルプラス、4〜5メートル球をそらした際の、二塁までの距離。以前はなかなか肩が強くならず、地肩勝負のところがあったが、今はウエートトレーニングである程度は強くできるようになった。

投手同様、捕手の送球にも球の質がある。軽い球は野手が捕球しやすいが、ドスンと突き刺さる重い球は間一髪の時のひと伸びがある。残念ながらこれは練習でどうにかなるものではない。

肩が強い、弱いで構えた捕手の両足に特徴が出る。強い者は右足が少し後ろに、自信がない者は右足が前に出ていることが多い。右足を前に出しておくと、捕ってから左足を一歩前にステップし、送球に体重を乗せやすい。走者の立場なら、捕手の両足を見れば、自信があるかないかが分かるのだ。

コントロールも大事。捕球してからミットの捕球面を自分側にくるっと返す動作をする際、ミットをひねるのではなく、左ヒジを使って自分側に回すとスムーズ。そこから右耳付近へ持っていくまでの間に球を握るのだが、理想はフォーシーム、もしくはツーシーム。握った瞬間にツルツルの革の部分だけだったら握り直す。滑ってスッポ抜けたらピンチが広がる。

盗塁を仕掛けられた時、必ずいい体勢で捕球するとは限らない。体勢が悪くても、2本か最悪でも1本、必ず縫い目を探して指を掛ける練習をする。

ボールは丸い。握る時に指で半分回せば必ず縫い目に掛かる。キャッチボールの時や家でテレビを見ながらでもこれはできる。縫い目に掛ければストライク送球の確率は上がる。毎日やれば半年でできるようになる。

コントロールをつける握りは、人さし指と中指の間を指1本分開けること。これ以上閉じると送球が変化しやすく、左右にブレる確率が上がる。逆に開くと送球のスピードが落ちてしまう。

いい捕手は捕ってから二塁に送球が到達するまで1・8～1・9秒といわれる。しかし、これはプロの目安。高校生なら2・1秒までならだいたい刺せる。

次は捕球。座った時に地面からヒザの高さまで、ミットの甲の部分を下（地面）に向けて捕れる選手はいいキャッチングができるようになる。もちろん、試合ではヒザの高さならミットの甲は自分の正面に向くのだが、練習では上からかぶせず、甲を下にして捕るように心がける。

最近の捕手は手で捕りにいく傾向があるが、これだとワイルドピッチやパスボールが増える。甲を下に向けて捕ることが身に付いていれば、身体が自然とついていくようになる。低めの変化球に対しても、身体で捕りにいけるのだ。

「3球目」に何を投げるか

捕手に必要なものは、1に肩、2にキャッチング。そして、その先にあるのが「リード」になる。

最近の高校野球で目に付くのは、直球を投げておけば大丈夫な場面で、緩い変化球を要求して打たれてしまうケース。直球が打てない打者には、スイングにいくつかの特徴がある。これをよく見て欲しい。

ステップをしながらバットを後ろに引く。バットのヘッドが投手側に入る。右打者なら左肩がホームベース寄りに、右ヒジが右脇腹側に入る。右の腰や右足が折れるなど。

140キロの速球なら、投手の手を離れてから打者まで約0・5秒。ムダな動きがあれば、高めの速球はまず振り遅れる。

捕手が打者を「洞察」していれば、無意味な変化球を要求しないで済む。

ド真ん中の直球で見逃し三振に打ち取ることほど、捕手冥利に尽きることはない。いかに変化球にヤマを張らせるか。たとえば、カーブ、スライダー、カーブで追い込んだとする。次に明らかなボール球の直球。打者はだいたい「これは見せ球。勝負球は変化球」と考える。そこでストレートをド真ん中へ投げれば、反応できないことが多い。

「小倉メモ」には対戦相手の打者の好きなコース、嫌いなコースなどを記している。しかし、最初から嫌いなコースや球種ばかりを投げ続けるのは良くない。これでは打者に意図がバレるし、慣れてしまうこともあり、たとえ弱点でも狙い打たれる。

得意なポイントからボールを上下に2〜3個分外した所にあえて投げさせる方法がある。好きな所に近ければ打者は力んで振る。これが意外と打てない。

もちろん危険度は高い。点差が開いている時、走者がいない時、カウントに余裕がある時、もっと言えば、ここは打たれてもいいという状況の時、これをやる。1試合4打席中、終盤の勝負どころの2打席は徹底的に弱点を突いて抑えにいくが、最初の2打席は種をまく。これも捕手の役目だ。

カウントは初球から3ボール2ストライクまでの12種類。打たれやすいカウントは、初球、1—0（1ボール）、2—0（2ボール）、2—1（2ボール1ストライク）である。だから、打者有利の「バッティングカウント」といわれるわけだ。

たとえば、カーブでボールになった後の直球は、かなりの確率で打たれる。打者なら誰でも「変化球がボールになったから次は直球」と待ち構える。このような状況は1試合で20度ほどある。だが、そこで全て変化球では今度は変化球を狙われてしまう。1イニングのうち変化球は12〜14球、直球は6〜8球程度の確率を捕手が意識しなくてはいけない。

2球続けた後に球種を変える。これも高校生のリードで実に多い。スライダーを2球続けた後の直球。直球を2球続けた後のカーブなど。捕手は2球続けたから球種を変えようと思う。打者だってそう考える。

配球パターンは大きく分けて試合の前後半で変える。一〜五回、六〜九回の2通り。球種が5種類程度ある投手なら、一〜三回は直球中心、四〜六回はシュート、チェンジアップ、フォークなどの変化球中心、七〜九回は全てを入れていくといった具合に、3通りに分けてもいい。

序盤から変化球を多投させると、終盤になって打者の目が慣れてくる上、投手の握力もなくなってしまうから注意が必要だ。

ウエストの使い分け

以前、練習試合で驚いたことがあった。

私がベンチから捕手に、「盗塁しそうだから外せ」とウエストボールのサインを出した。すると、バッテリー間でウエストのサインを決めておらず、捕手が右手で「外せ」と軽くジェスチャーをするだけ。

唖然とした。

一概に「ウエスト」といっても、実は何種類もある。

①ボール1つから1つ半程度外す。
②カウント2ナッシングから大きく外す。
③ヒットエンドラン、盗塁を読んで外す。
④スクイズを読んで外す。

特に③と④の外し方が違うことが重要だ。③の時は右打者なら左打席のちょうど真ん中。④は左打席の外側のライン辺りを通過させること。これが目安。盗塁などなら、捕手が二塁へ送球することを考慮する。だが、スクイズなら、打者が飛び付いて当てにくるから、バットに当てられない距離まで外す必要がある。

たとえば走者一塁の際、「ウエスト」のサインが出た時の投手は、牽制球は投げず、素早いクイックモーションではなく、「ある程度のクイック」で投球する。牽制したり、あまり速いクイックだと「走れない」と走者が判断し、スタートが切れなかった時、盗塁のサインが取り消されるかもしれない。目的は「走らせて二塁で刺す」こと。だから、「ある程度」でなくてはならないのだ。

この時、相手が中軸打者で中堅手の守備位置が深い場合、二塁ベースに入らないほうの二塁手か遊撃手は、必ず捕手からの送球をカバーする。もし、暴投で抜けてしまったら、センターが深いため、三進されてしまうからだ。

このように、「ウエスト」は使い分けないといけない。

捕手は小心者がいい

捕手には性格にも、向き不向きがある。

言葉は悪いが、「小心者」がいい。いろいろ気を使って欲しいからだ。たとえば、壁の絵が曲がっているとか、スリッパが揃っていないとか、日常生活でも細かいことによく気が付く、「洞察力」「観察力」がある者にしか捕手は務まらない。

盗塁阻止は投手との共同作業。いかに効果的に牽制のサインを出せるか。「走れ」のサインが出ていれば走者に何らかの傾向が出る。リードが大きくなる、小さくなる、速く進みたいと上体が起きるなど、小さな違いを発見できるか。「小心者」だからこそ、細心の注意を払えることが多い。

ただし、牽制が苦手な投手の場合、話は別。センスがある走者ならクセを見破られ、タイミングを計られることもある。

そういう投手をリードするにはどうするか。セットポジションの静止時間が一定にならないよう気を配ることだ。

2～3秒のセットが一番走られる。スタートが切りやすいからだ。ピンチになると投手は余裕がなくなって一定になりやすい。捕手がサインを出すなどして、5～8秒くらいと長めにさせる。これだけでも、牽制しないことを補える。

スタートを切らせない捕手のテクニックもある。走者がいる場合は盗塁に備えてヒザはつかないが、あえて片方のヒザをついて構えてみる。捕手の体勢は相手チームの一塁コーチが見ている。直接言わないまでも、何らかのサインで「牽制だ」と走者に知らせるだろう。

逆に腰を浮かせ気味に構えると、同じように一塁コーチが「投球する」と合図を出すから、牽制して逆を突く。今の時代、捕手の動きを見て盗塁のサインが出ることもある。これを逆手に取るのだ。

牽制で刺すより走らせて二塁で刺すほうが、確率的には高い。盗塁させる時、投手は「速過ぎるクイックモーション」は厳禁。それを見て、盗塁のサインが取り消しになるかもしれないからだ。

牽制もなし。「ある程度の速さのクイック」でウエストし、走らせた上で、二塁で仕留める。この「ある程度」が大事だ。横浜投手陣は繰り返し、これを練習している。


プロの盗塁阻止率は良くて3〜4割ほど。高校は5割が目安。このように投手と連係しながら2回に1回は刺せないと甲子園では苦しい。

無死、一死、二死の順で盗塁を仕掛けてくる確率は上がる。無死なら送りバントに重圧がかかり、勝負球として変化球が予想される、追い込まれてからが多い。一死や二死なら打者のために早いカウントで走ってくると捕手は頭に入れておくこと。

最近なぜか三塁走者がラインからファウルゾーンへ大きく外れてリードを取るチームが増えている。これだと捕手が牽制しやすくなる。バッターが右打者の場合、打者が「壁」になって捕手の動きが見づらいからだ。リードの大きさも捕手から見やすいから勧められない。

横浜はラインの「50センチ外側」からラインの中に帰塁するよう指導している。これだと捕手から三塁手への送球が走者と重なって投げにくい。

捕手の立場からすれば、僅差の試合が多い甲子園で、こういった走者のスキは見逃さないで欲しい。

「ささやき戦術」もぜひ、やってもらいたい。

現役時代の野村克也さんが有名だが、今どきの子たちは「恥ずかしい」と言ってささやかない。

「おい、チャックが開いてるぞ」「彼女が見ているぞ」と打者に冗談を投げ掛ければ、打者は動揺する。「サード、泳いでボテボテ行くぞ」と言えば、「変化球が来るのか？」と迷う。逆に「セカンド、詰まるぞ」と言えば、「直球か？」と疑う。その通りにリードするか、裏をかくかは捕手次第。打者に「うるさい」と嫌がられるくらいでいい。黙っていてはダメ。打者に集中させないことも捕手の重要な役割だ。

試合をコントロールできていると自覚できれば、キャッチャーはどんどん楽しくなる。

守備の基本と送球

「扇の要」であるキャッチャーに続いて、次はその扇の部分、野手の守備についても述べていこう。

まずは基本である、捕球・送球の動作から。

最近の選手は、1年生の頃から捕球・送球の連動性を教えていても、いまだに正しいフットワークでキャッチボールができない。たとえば、右側に送球が来たら、捕る直前に右足を少し出して捕球し、左足を踏み出して投げる。左側に来たら、左足に右足を添えるようにして捕球する。そう捕らないと、ステップが一歩多くなる。これだけで試合なら走者が2〜3メートルは先に進んでしまうことになる。それなのに、反動をつけて楽に投げようとする選手が多く、キャッチボールの最中でも、口うるさく言わなければならないのだ。

ゴロ捕球の基本体勢。右投げなら腰を落として左足を一歩前。グラブは左足の内側だ。ここで捕れるようにフットワークを使う。

ゴロはショートバウンド（上がり際）か落ち際が捕りやすい。地面から40～50センチほど弾んだハーフバウンドは一番難しい。これも足を使い、グラブを出したり引いたりし、捕りやすいバウンドに合わせることだ。

大事なのはキャッチボール。右投げの選手が捕球する際、捕る側から見て右側にきたボールは、ゴロの時と同じように左足を前に出してはダメ。右足が前だ。

実際にやってみれば分かるが、右足が前の状態で捕球すると、捕ってボールを握り、左足を一歩踏み出すだけで送球できて勢いもつく。これは巨人の外野手・長野久義がうまい。

逆に左足を前にして捕ってしまうと、送球の際にステップしなければならず、一歩余計になる。違いは0・2～0・3秒。トップスピードの走者なら2～3メートルほどだ。捕球の際の足の前後の違いで、セーフかアウトか明暗が分かれてしまう。

効果的な場面は、遊撃手が高いバウンドの三遊間のゴロをさばく時。遊撃手は右足を前にして捕球すれば、アウトの確率が上がる。

外野では左中間寄りに飛んだ中堅への飛球。右中間寄りの右飛などが挙げられる。

続いて、捕球してから素早くボールを握る際のポイント。まずは捕球したと同時に、グラブを持った左ヒジを内側に返してみる。すると、グラブの捕球面が顔の方を向き、球が握りやすい。1本でいいから縫い目を握ること。革のツルツルの部分だけで投げると滑って暴投しやすくなる。慌てていても指で縫い目を探すのだ。

左手から右手に、さっとボールを握り変えてみる。縫い目がなければ、右手でボールを半分ほど回転させ、縫い目に指を引っ掛ける。これはテレビを見ながらでも訓練できる。

送球の注意事項は、悪い体勢で捕球した時、力いっぱい投げると暴投になることが多い。対処法は、9割の力でリリースポイントを少し上げてみる。もしくは、低くて速いワンバウンドを投げること。

キャッチボールに「肩慣らし」なんてない。最初の3〜4メートルほどの距離から相手の右胸にしっかり投げる。自分が投げた球の質も見る。体が開いて腕が遅れると球はシュート回転する。左ヒジを後ろに平行に引いてみると、反動をつけられて腕が振れるから、開きを矯正できる。

このように、キャッチボールだけでも意識することは山ほどあるのだ。

実戦で役に立つ守備練習

私がどこへ行っても教えている「横浜での守備練習」も紹介しておこう。

試合で起きうる場面を想定しての練習のため、「実戦」で非常に役に立つはずだ。

①全員がベースから7〜8メートル後ろに守り、右回りと左回りでボールを回す。
②ベースに戻って本塁↓二塁、一塁↓三塁と対角線に投げる。
①と②は、肩を強くすることが目的だ。
③捕球者の2メートル手前でわざとワンバウンドさせる。
これは一番捕りにくいハーフバウンドを捕球する練習。野球にワンバウンド送球はつきものだ。実戦で走者がいると野手は焦るが、捕球の練習をしておけば、難しいハーフバウンドもグラブに入るようになる。
④わざとファンブルする。
捕球したベース上から3〜4メートル後方へ転がし、そこから次の塁へ送球する練習。実戦では、送球を一塁手がはじいている間に打者走者が二塁を狙うといった場面がたびたび起こる。これに備えるためにやる。
⑤タッチの練習。
走者の足もとにタッチする際、ボールより上にグラブを構え、そこから下ろしながら捕球。勢いがついて素早くタッチできる。

⑥右回りと左回り。

内野手のバランス感覚を養うため、あえて1回転して送球する練習も常時行う。

この他にも捕手→遊撃手→捕手のダブルスチール対策や挟殺プレーの練習も一緒に行うと、連係の際の内野手の送球ミスが格段に減る。

投内外連係プレー

捕球や送球が身につけば、次はさらに実戦的な守備も教えることができる。その一つが、「投内外連係プレー」だ。

「投内外連係プレー」とは、無死もしくは一死一、三塁で、一塁後方に浅いファウルフライが飛んだ時の守備の備えだ。実戦を想定し、私が考案した。

微妙な当たりなら、一塁手、二塁手、右翼手の3者が打球を追う。捕球した者は、一塁走者が二塁へタッチアップしても直接二塁へ投げてはダメ。ノーバウンドの送球なんて言語道断。送球の軌道が高くなり、それを見た三塁走者が本塁へタッチアップ。悠々と生還してしまう。だから巧みに各選手が中継に入るのだ。まず投手は三塁走者のタッチアップに備え、中継のためにボールの落下点と本塁の中間点に入る。

遊撃手は一塁走者のタッチアップに備え、できる限り捕球者の近くまで走る。ここで中継する場合は、いつものように左回りではなく、あえて右から回る。これは右からなら、三塁走者の動きを目で牽制しながら二塁へ投げられるからだ。

通常、遊撃手は二塁ベースに入ってしまうところだが、これだと中継する者がいなくなる。二塁ベースには中堅手が入る。左翼手は、捕球した者が飛び出した三塁走者を刺そうと三塁に送球し、それた時に備えて三塁後方をカバー。二塁よりも三塁の方が送球の距離が長く、暴投の可能性が高い。もし、三塁走者を三本間に挟んだ時は、左翼手は速やかに三塁ベースへ。三塁手、捕手、左翼手、投手を加えた4人で挟殺プレーをするためだ。

このプレーは遊撃手がカットマンになり、中堅手が二塁ベースに入るところがミソ。「投内外」が一体となった一番合理的な連係だ。これが基本形となる。

同じようにライトのファウルゾーンへ打球が飛び、二塁手か右翼手のどちらかが捕れそうな時、今度は一塁手が二塁ベースとの間に中継に入る。この場合は遊撃手は二塁ベースへ。中堅手はその後方をカバーすることができる。基本形をベースに各自が声やアイコンタクトで対応すればいい。

同じ場面で三塁側へ飛んだら、二塁手が三遊間付近までカットに走る。先ほどの基本形が鏡のように逆になるだけ。

これは攻撃時にも応用する。一塁走者は必ずタッチアップ。相手の守備が二塁へダイレクトに送球してくれれば、それを見て三塁走者はゴー。確実にセーフになる。多村が在籍していた頃、このケースで三塁走者の多村が生還し、1点を取ったことがある。50試合に1回しかないプレーでも、起こる時には起こる。これはファウルグラウンドが広い甲子園で優勝するための「1点を死守する（もぎ取る）」プレー。備えておかなければ、大舞台で笑うことはできない。

ピックオフプレー

続いて、緊迫した試合の終盤などで、大ピンチを救う守備のひとつに「ピックオフプレー」がある。多いのは一塁ベース上で行うもの。「1（投手）―3（一塁手）」「1―2（捕手）―3」「1―2―4（二塁手）」がある。「1―3」は一、二塁、もしくは満塁の時に投手が一塁へ投げる牽制球のこと。先の塁に走者がいるため、一塁手はベースを空けて守る。油断している走者の背後から一塁手がベースに入った瞬間、牽制する。

プロでは巨人が最近、このプレーを取り入れて刺している。2014年のセンバツで優勝した龍谷大平安（京都）も、これでピンチを切り抜けていた。高校でも増えてきたが、初球から簡単にやるケースが多い。釣りでいえば、食いつくか食いつかないかのところでサオを上げているようなもの。これでは獲物に逃げられてしまう。

走者にもう一歩リードを取らせる「秘策」がある。捕手でも内野手でもいいから、初球の前に「ムリして一塁へ投げるなよ！　セカンドでフォースアウトでいいぞ！」と一塁走者に聞こえるように声を掛け合うのだ。走者にフォースアウトになりたくないという心理が働き、通常よりリードが大きくなる傾向がある。

理想は走者がスタートを切ることが多い3ボール2ストライクのフルカウントだが、その前に打たれてしまうかもしれない。初球は牽制せずに油断させ、大きくリードを取らせた上で2球目か3球目にやるといい。

逆に攻撃の立場で相手が「1—3」をやってくると分かっていれば、一、二塁の時に逆手に取れる。一塁への牽制の間に二塁走者が三塁へ走ってしまうのだ。牽制してからスタートをするのでは遅い。1—3—5（三塁手）と転送されて三塁で刺される。二塁走者は投手を見ながら一塁手の動きを注視。ベースに入ろうと動いた瞬間、投手が牽制するかしないかのタイミングでスタートが切れれば、セーフになる。

守備側に話を戻す。確率でいうと、「1—3」より、無死一塁などで行う「1—

2―4」の捕手から一塁への牽制の方が刺せる。一塁手は犠打に備えて前へダッシュ。二塁手は一塁走者の後ろから一塁ベースへ。投手はクイックモーションで投げる。投球を大きく外さないのがミソ。捕手が立ち上がるほどのウエストボールでは、走者に捕手からの牽制を察知される。ホームベースからボール2個分ほど外角、バッターボックスの内側のライン上あたりを狙う。高めではなく、腰から膝あたりの低め。スライダーが効果的だ。打者はバントの構えでギリギリまでボールを見極めようとする。走者はスタートを切ろうと右足に体重がかかり、帰塁が一瞬遅れる。

一塁手が約3メートル、3歩ほど前へ行ってから一塁ベースへ戻る「1―2―3」も注意点は同様。ピックオフプレーは1試合で何度も使えない。ここぞの時のため、多くのエサをまいて獲物を泳がせることが肝心だ。

ピックオフプレー応用編

一塁ベース上の「1（投手）―3（一塁手）」「1―2（捕手）―3」「1―2―4（二塁手）」の秘策を述べた。今度は三塁ベース上の「1―2―5（三塁手）」「1―2―6（遊撃手）」。このケースでの守備のミスは失点に直結するリスクを伴うが、三塁走者も本塁に生還したい。通常のリードや、投球してからの第2リードが大きくなる傾向があるから狙い目なのだ。

「1―2―6」は三塁手がスクイズを警戒して前へダッシュ。走者は目の前の三塁手の動きにつられてリードが大きくなる。そこへ遊撃手が三塁ベースに入り、捕手から三塁へ牽制するというもの。右打者なら投手は外角へ投球。三塁手が突っ込んでいるため、引っ張られないコースに投げる必要がある。初球はシフトを敷かず、ノーマークだと思わせて2球目か3球目に行う。

一塁へのピックオフより三塁のほうが刺しやすい。特に最近急増しているセーフティースクイズを取り入れているチームが引っ掛かる。通常のスクイズは投球と同時にスタートを切るが、セーフティースクイズはバントが転がってからコースや強さを見てスタートする。判断が難しいから、リードも大きくなりがちなのだ。

ここからが応用編。二塁ベース上での「1―5―4」「1―5―6」だ。二、三塁か満塁の際に敢行する。まず投手が三塁へ牽制。間髪を容れずに三塁から二塁へ転送し、二塁走者を刺すことが目的。二塁走者はヒット1本で本塁へかえりたいと思っている。前に三塁走者もいる。三塁へ牽制することで一度油断させ、その瞬間に仕留める。いかに大きくリードを取らせるかがカギ。三塁を経由する難しいプレーだから、大事にいくなら「1―5―4」。ただ、二塁ベースに入ろうとする二塁手の動きが走者に察知されれば、帰塁されてしまう。勝負をするなら「1―5―6」だ。

遊撃手が二塁走者の背後から二塁ベースへ入れば走者には分からない。投手↓三塁手↓遊撃手と転送するのだが、三塁手から見て戻ろうとする走者と遊撃手が重なるため、送球のいい三塁手でないと成功しない。昔、横浜も決めたことがある。難易度は高いが、いつか勝負どころで決めたい必殺のプレーといえる。

投手のフィールディング

1点を争う緊迫した試合では、投手のフィールディングが勝敗を分けることも多い。横浜OBでは、松坂や涌井が在学中に抜群にうまくなった。

無死一塁で、相手打者がバントを失敗し、投前への小飛球。打者走者が全力疾走しないでチンタラ走っていたら、併殺にするチャンスだ。投手はあえてショートバウンドで捕って、まず一塁へ。一塁走者が飛び出していれば、挟殺プレーでダブルプレーにする。

ただ、野球を知っている一塁走者だと、二塁へ走らずに一塁ベースにとどまっているかもしれない。この時、一塁手が一塁ベースを先に踏んでしまうとダブルプレーにはならない。先に打者走者をアウトにした瞬間、一塁走者の進塁義務が消失するからだ。このルールを知らない選手は結構多い。一塁手は一塁走者にタッチしてからベースを踏む。そうすれば併殺が成立する。ルールを確認して練習しておかないと、一塁手はベースを踏んでからタッチしようとするだろう。アウト1つでは意味がない。注意が必要なプレーなのだ。逆に走者の立場で相手守備陣にやられた場合、ジタバタせずに一塁ベース上でじっとしているという手もある。一塁手がルールを知らずに先にベースを踏めば、最悪の併殺は避けられる。

フライを上げてしまった打者は、一塁まで全力疾走しないことが多いから、二塁へ送球して併殺を狙うこともある。

小飛球のショートバウンド捕球は意外と難しい。慌ててはじいてしまい、オールセーフなんて目も当てられない。練習してピンチを回避したい。

次に、1点も与えられない状況の無死一、三塁で投ゴロが飛んだ場合。投手は三塁走者を必ず目で牽制してから二塁へ素早く送球。1—6—3か1—4—3で併殺を狙う。1—6—2、1—4—2も練習しておく。三塁走者が飛び出していれば、挟んで1つアウトを取る。

一塁側への打球でも、「目の牽制」を怠らないこと。特に左投手は体勢が悪く併殺は難しい。右回りで三塁走者を見てから二塁へ投げる。ベストは三塁走者をクギ付けにして併殺を完成させること。投手が「目で殺す」ことがポイントだ。

走者二塁でバントが「強め」の時。打球が強いと走者は進塁を諦めて二塁へ戻る可能性がある。走者を見ないで三塁へ送球すればオールセーフ。通常のバントなら見る時間はないが、打球が強い時は振り返って走者を「目で殺す」こと。

投手は9人目の野手という。松坂も涌井も徹底的に練習で鍛え、プロになった今でも守備を武器にしている。

「速い球」を投げるには

守備からは話はそれるが、もう少し投手について述べよう。

速い球を投げたい――。投手なら小中学生からプロ野球選手まで、誰もが憧れる永遠のテーマだ。

横浜から松坂や涌井などの速球派をプロへ送り込んでいるからか、「どうすれば球が速くなるか？」と聞かれることが多い。これは難しい問題だ。大事なのは「瞬発力」と「全身の力」だが、誰もが150キロを投げられるわけではない。

松坂が入学した頃は135キロ程度。ただ、「この子はもっと速くなる」という確信はあった。まず、腕の振りがケタ違いに速い。指導者はよく「腕を振れ」と教えるが、言われて速く振れるものでもない。松坂は子供の頃、剣道をやっていて背筋が強く、肩甲骨周辺の筋肉が異常に柔らかい。リリースしてから右手が背中に届くほど。これなら速く、大きく腕が振れるが、こんな投手はめったにいない。手足が長い涌井はリーチを生かし、投球時に大きく弧を描けるから速い球が投げられる。

桐光学園の松井は全身がバネだった。身長174センチと大柄ではないものの、腰回りや尻などの下半身がガッチリしている。バネは天性のものだと思われがちだが、小学生までにある程度は培える。水泳、剣道といったスポーツ、鉄棒や木登りなどの遊びが、バネとなって後々生きてくることがある。

速い球を投げる、強い打球を打つことに共通するのは「内側の力」が大事だということ。私は特に「股関節」を重視している。投げる時、打つ時に、いかに股を締められるか。2013年にシーズン本塁打記録を更新したウラディミール・バレンティン（ヤクルト）は〝急所〟の部分を絞り込んで一気に回転している。この股関節運動は、速い球を投げる投球動作と同じだ。

股関節を鍛えるには股割り、四股、両足を開脚して上体を前に倒すといった運動、ハードルをまたぐのも効果的。最近は横浜でも数多く取り入れている。

速く投げたければとにかく走る。横浜はアップの代わりに400、200、100メートルダッシュを5本ずつ。投手は数種類のアメリカンノックで右へ左へ走らせる。なぜ投手は走るのか。心肺機能を強くすることが目的だ。心肺はスタミナに直結している。そして、下半身が安定すれば球に力が伝わりやすいから球速もアップする。投手はこれを理解して走って欲しい。

成瀬は高校時代、テークバックを小さくして球の出どころを見えにくくする投球フォームの研究を重ねた。ボールを持った手を頭の後ろでギリギリまで隠すイメージ。これができれば、130キロ台でも打者の体感速度が5キロは増す。

肩甲骨、背筋、股関節……と大事な部位はあるものの、速ければいいってものではない。フォーム等で速く見せる工夫も必要だ。

コントロールをつけるには

「速い球」は間違いなく武器ではあるが、投手にとって大事なのはやはりコントロール。これも永遠のテーマだ。

まずは投球フォームを固めること。注意点は身体が上下左右に暴れないようにする、リリースポイントを一定に保つなどがある。

効果的な練習法は集中力を高めるための「ボール当て」。ホームベースの角にボールを置き、そこを狙う。制球力に定評がある成瀬は100球中10球は命中させた。何だ、たった1割かと思うかもしれないが、並の投手なら1〜2球当たればいいほうだ。

成瀬のコントロールの秘密は「手首」にある。投手では珍しく、ある程度固定して投げる。押し出しているようにも見えるほど。通常はリストを利かせて投げないと球威は出ない。成瀬には最初からスピードは捨てさせた。狙ったところへいかに確率よく投げ込めるかを高校時代から追求した。

利き目に眼帯を着けて投球してみるのもいい。遠近感がなくなるため、目でターゲットを捉えるのではなく、身体でリリースポイントを覚えることができるのだ。

入学時はノーコンだった松坂は投げる際、身体が開いてしまう悪いクセがあった。腕の振りが速いので、いっそのこと左肩を早く回して投げようと発想を転換。バランスが取れて身体が暴れなくなり、飛躍的に制球力がアップした。

コントロールが悪いからと誰彼構わずサイドスローに転向させ、甲子園などでも横手の投手ばかりという時期があった。確かに上から投げるよりコントロールしやすい。ただ、向き不向きがある。

高めの直球がピュッと伸びるか。空振りか飛球にできるかが見極めのポイント。現巨人投手コーチの斎藤雅樹は高校時代（埼玉・市立川口）は上手投げだったが、プロでサイドスローに転向し、大投手になった。ホップする球の質や身体の使い方などを見抜いたプロのコーチの眼力だろう。

現在はサイドスローが少なくなった。イチローや松井の影響で左打者が激増。右の横手や下手投げは左打者からは球が見やすいからだ。これからは左のサイドやアンダースローが増えるのではないか。

最近は高校野球も「メジャー化」が進んでいる。手元で動く直球系のツーシームなどの球を投げる投手が増えた。多少芯を外しても飛んでしまう金属バットでは、プロの木製ほどの効果はなくても、併殺を狙う時などは便利。フォークなどの大きな変化球より制球しやすいというメリットもある。

コントロールが悪いからとあっちもこっちも直そうとする指導者がいるが、私は1つか2つまでと決めている。直す箇所が3つ、4つと増えていくとバラバラになってしまう。成瀬はいじったら壊れると思い、段階を踏んで制球力を磨いていった。

高校野球は負ければ終わりのトーナメントだ。勝ち上がっていけば、強豪校とぶつかり、僅差のゲームも出てくる。その時、捕手を中心とした9人の守備が安定していなければ、絶対に勝ち残れない。

第6章

野球は考えるスポーツである
《虎ノ巻　攻撃編》

毎秒1回以上のペースで、約1キロのマスコットバット振る選手ら。遅いと筆者の怒声が飛ぶ

打者走者の心得

捕手の心得、野手の守備での連係、投手のフィールディング——。前章では守備についての考えを語ったが、本章は攻撃・走塁編だ。

強豪校同士の試合において、勝敗を左右する重要な要素となるのは、走塁だ。打撃は水モノだが、足は計算できてスランプがない。準備しておけば必ず武器になる。

まずは打者走者の心得。

打球が三塁線や三遊間など、内野手の送球が難しい所に飛んだ場合、打者走者は一塁ベースの10メートルほど手前から一塁手の動きを注視する。右利きの内野手の特徴として、送球がシュート回転して捕手寄りにそれることが多い。2〜3試合に一度は必ず起こる。しかし、何も考えずに一直線に駆け抜けようとすれば、送球がそれても一塁手にタッチされてアウト。だから、タッチをあらかじめ避ける準備が必要になる。

　高校野球でよく目にするヘッドスライディングは指などを故障しやすいからダメ。足から真っすぐ滑るストレートスライディングも、一塁手と接触する可能性があり、タッチをよけられないから意味がない。

　ここは、「フックスライディング」だ。

　フックスライディングとは、畳む側の足を普通のスライディングとは逆に外側に向けて折り、折った側の足の甲からスネの部分をベースに引っ掛ける形でのスライディング。体をベースからそらして滑り込むことができるのでタッチを避けられる。

　送球がそれる時は、一塁手が捕手側に移動しながら少し後ろに下がって捕球することが多い。この場合のフックスライディングは、一塁ベースの内側を目標に、体を左側に倒しながら右足を外側に曲げてベースに引っ掛ける。

　同じくベースの内側に通常のストレートスライディングをして、右手でベースを摑むという方法もある。セーフになれば、相手のミスだけにチャンスが広がりやすい。

一塁走者の心得

一塁走者の心構えは、無死ならどんな場面でも慎重に。一死なら単打でも打球次第では三塁まで進塁する走塁が必要になる。

三進を狙う際の判断基準は、「外野から内野への送球が完璧な場合に限り、三塁で間一髪アウトになるタイミング」だ。一死一塁ならこれはゴー。相手守備に全てロスがない確率は低く、仮にアウトになっても仕方がないと割り切れる。一死の時は、多少のリスクがあっても先の塁を狙わなければ、得点などできない。

外野の守備位置はもちろん、たとえば、レフトが右投げの場合の左中間寄りの打球は、三塁へは体をひねって送球するため、ワンテンポ遅れる。センターが左投げの場合の左中間、ライトが右投げの時の右翼線への打球なども同じ。一塁走者はこれを頭に入れておき、判断材料にする。

一死で三塁に到達できれば、スクイズ、犠飛、内野ゴロなどでも1点が入るから、勝負する価値はある。

なかなかできないのがヒットエンドランの際の一塁走者の判断。走者が自分の目で判断できる中堅、左翼方向への打球は、三塁ベースコーチに頼らずに自分で判断する。

しかし、見えない右前や右翼線への打球なら、三塁コーチは見ずに二塁ベースをしっかり踏むよう指導している。

スタートを切っているため、すでに二塁ベースの近くまで来ているところを、三塁コーチを見てスピードを緩めずに二塁ベースを小回りするのは難しい。スピードが緩んだり、大回りになったり、ベースをうまく踏めないこともある。

だから、その前に想定しておく。二塁手が打球を追って中継に入っていれば、大きくオーバーランができる。逆に二塁ベース付近にいれば、大きくは出られない。遊撃手の動きも同様で、もし三塁ベース寄りに中継に入っていれば、ある程度は出ることができる。二塁ベースの近くなら、あまり出られない。

通常の一塁走者は、二塁ベースの9メートルほど前、つまり一、二塁間の約3分の1を走ったところで一度、三塁コーチを見るのが基本。だが、エンドランだと、この地点を通り過ぎている可能性が高いため、鋭角に二塁ベースを踏んだ瞬間に三塁コーチを見るようにする。

一塁走者のスタートは極めて重要。投手の投げるストライク、ボールは、一塁から見ると角度があるため、高低は分かってもコースは分からないとされる。だが、これも訓練すれば、ストライクゾーンがある程度は判別できるようになる。

捕手と打者の距離を見るのだ。外角なら捕手は打者から離れ、内角なら近くなる。投球後の捕手のミットの位置で、ストライク、ボールが大体分かる。ストライクと分かれば、一歩早くスタートが切れる。フリー打撃の時にでも、一塁から見る練習はできる。

送りバントの時は外角のほうが失敗は少ないし、打つ時は低めなら飛球になることがほとんどない。こういった場合も早めのスタートだ。

要注意は内角高め。打ってもバントでもフライになる確率が最も高いため、慎重にスタートを切ること。この一歩の違いで、二塁で封殺されるかセーフになるか。1点勝負では雲泥の差なのだ。


一塁走者は投手のセットポジションを凝視する。セットした時、実は右投手の6〜7割は一塁走者が見えていない。たとえば、一塁ベースから3・5メートルほどは見えていて、そこから走者が消えたら牽制するなどして対応していることが多い。思っているほど投手の視野は広くない。必要以上にビクビクせず、しっかりリードを取ることだ。

盗塁を成功させるカギは、投手のセットポジションのリズムを計ること。静止時間が2秒程度と短ければ走りやすく、長くなれば難しくなる。投手が足を上げる直前にスタートを切れればベスト。投手は自分のリズムで投げたがる傾向がある。だから、味方が攻撃中、ベンチにいる選手は、3・5秒、4秒などと間合いを数える。リズムが分かれば盗塁の成功率がグンと上がる。

大飛球時の対応

無死か一死で大飛球が外野へ。捕られそうでも一塁走者は二塁ベース付近まで行って、一塁へ送球させる。なぜなら外野↓内野と中継している間に、どこかでミス、暴投を誘えるかもしれないからだ。

右中間のセンター寄りからレフト方面への大きな飛球の場合、一塁走者は外野手がフライを捕球する前に二塁ベースに到達している時もある。この時はベースを踏みながら外野手を見るといい。ベースを越えてしまうと、もう一度ベースを踏んでから一塁へ戻らなければならない。そうなると、スピードは乗らないし、歩幅が合わないこともある。踏みながら見れば、捕球されれば一塁、抜ければそのまま三塁へ向かえばいい。

二死でない時、一塁走者の判断で一番難しいのは、右打者の右中間と左打者の左中間への打球。右打者なら右方向、左打者なら左方向へ打球は切れていく。ゴルフでいう「スライス」の軌道だ。一見、抜けそうな当たりでセンターは追い付かなくても、右打者の打球ならライトが、同様に左ならレフトが追い付くことがある。センターが深追いしていれば、抜ける可能性が高い。これを走者は頭に入れておく。スタートの良しあしで、一塁から長駆ホームインできるかできないかの明暗が分かれるかもしれない。

一塁走者が見える範囲の打球は、ランナーコーチより自分の判断を優先する。だが、右方向への打球、ライト線やエンドランがかかっている時などは、背後方向になる右翼手の打球の処理は見えない。ここは三塁コーチの指示を仰ぐ。見るのは二塁ベースの手前。多少スピードは落ちるが、三塁へ進塁する意識は持つ。右翼手がモタついたり、エラーした場合は三進するのだから、しっかり三塁コーチを見る。

当たり前のようで意外とこれができない。

当然、三塁コーチも重要だ。野球をよく知っていて、なおかつ的確に状況判断ができる選手でなければ務まらない。

投球がワンバウンドの時の一塁走者の判断も重要。「止める捕手」か「捕れる捕手」かを見極めておく必要がある。ミットで止めにいく捕手なら、前にはじくということ。ワンバウンドした瞬間にスタートが切れれば、捕手が手前にはじいても二塁はセーフになる確率が高い。うまい捕手は止めながら捕りにいく。タイプを見ておくことだ。

たとえば桐光学園時代の松井裕樹の武器である縦のスライダーは、ワンバウンドになるケースが多かった。好投手から連打は難しい。犠打をせずとも二塁が狙えるなら、狙わない手はない。

二塁走者・三塁走者の心得

二塁走者は三遊間の打球の判断が最も難しい。遊撃手が捕れる打球を抜けたと判断して走ってしまえば三塁で刺される。逆に抜ける打球を遊ゴロだと思ってスタートを切れなければ三塁止まりで点は入らない。三遊間のど真ん中は、走者の右（手）側「10〜12メートル」。学校の教室の前と後ろの出入り口、電車のドアとドアの間が大体そうで、この「10メートル」の感覚を私生活でつかむことが大事だ。

無死もしくは一死で三塁の時に外野に飛べば、どんなに強いライナー性の打球であろうと、タッチアップをしなければならない。

安打になるか捕られるかといった際どい打球でも、走者は瞬時に「一歩」三塁ベースに戻るクセをつける。打球が落ちて安打になっても、一歩ならすぐに本塁へ走れるし、ライナーが捕球されても、一歩戻っていれば、あとは惰性で帰塁してからタッチアップすることもできる。

走者がさまざまな状況判断を瞬時にできるかが、勝敗を分けるのだ。

三塁走者は、投球の高さの傾向も見なければならない。

高めが多いか低めが多いか。高めなら飛球、低めならゴロになる確率が高い。打者の対応も見る。崩されていればゴロが多い。つまりゴロになった時、バットに当たった瞬間に本塁へ突入できるか、ギャンブルスタートが切れるかは、走者のその前の洞察力にかかっている。

状況も考える。たとえば三塁走者は、一、三塁か二、三塁ならゴー。仮に本塁で憤死しても走者が2人残るからチャレンジする価値はある。だが、無死か一死三塁の場合は、スタートは慎重に。アウトになれば走者が一塁のみになってしまう。ここから得点するには、長打もしくは安打2本が必要になるから、確率はグンと下がる。ただし、得点差やイニングなどの状況によっては、一死三塁の時に限り、ギャンブルスタートなどで勝負することもある。

高校野球は負けたら終わり。さまざまな場面を想定しながら走塁練習をしておけば、苦しい時に1点をもぎ取るバリエーションが増えるのだ。

勝敗を分ける「片側リード」

走塁においても、甲子園では細かいプレーの質が勝敗を分けることが多い。「片側リード」というものがある。横浜はチームで最初に走者が出塁した時、初球にこのリードを取る。通常のリードはだいたい3・8メートル。これを4・2メートルほどにする。横浜スタジアムなら、土のアンツーカーの部分から両足が出るくらい。かなり大きめだ。

「片側」とは、走者が帰塁することだけを意識するリード。だから、逆をつかれることなく、牽制されても戻ることができる。何のためにやるか。相手投手に素早い牽制球を投げさせることが目的だ。

投手は「刺せる」と思い、牽制したくなる。これを一塁走者、打者、ベンチのチーム全員で「洞察」するのだ。牽制のタイミングを計ったり、クセを見つける。一度だけでなく、チャンスがあれば継続的に行う。これが終盤の勝負どころで生きてくる。

この片側リードで注意することがある。投手の牽制は、プレートを外さずに投げられる左投手のほうが速いと思っている者が多い。だが、右投手は素早く回転して投げるため、勢いがついて球が速い。球速にして120〜130キロの牽制球を投げる投手もいる。左は右足を上げ、そのまま一塁へ投げるため、勢いがつかない。速くて100キロ程度だ。走者は「牽制は右投手のほうが速い」と頭に入れておく。右で牽制がうまそうな投手なら、リードは4メートルほどでもいい。

一塁走者は投手が牽制せずに投球したら、視線をすぐに本塁へ移す。投球がワンバウンドなどで、捕手が少しでもはじいたら二塁へゴー。リードが大きいからセーフになる確率は高い。逆に外角へ外してきたら1—2—3、もしくは1—2—4のピックオフプレーかもしれない。投球のコースを見て、捕手からの牽制にも備える。

大きなリードを見ても、牽制してこなければ、それはそれで分かることがある。片側リードと察知されているか、牽制に自信がないことも多い。自信がない投手なら、盗塁、ヒットエンドランでどんどん仕掛けられる。

守備の際はこれを逆手に取る。もし相手チームが片側リードをさせている時は、打者に「待て」のサインが出ている。最初の走者のリードがあまりに大きければ、投手はあえて牽制せず、ど真ん中で確実にストライクを取ることだ。

「打たないエンドラン」というのもある。打者は当然、打席では投手を見ているのだが、練習を積めば、視界の端で一塁走者の動きを捉えられるようになる。もし走者がいいスタートを切れば、盗塁が成功するので、打たなくていい。というより、見逃さなきゃいけない。しかし、いいスタートでも、外角に直球が来たら打つ。捕手が二塁に送球しやすいからだ。普通のスタートでも、緩い変化球なら打たなくていい。二塁はセーフになる。走者の足の速さも考えて、打つ、打たないを打者が瞬時に状況判断するのだ。

ここまで細かい野球をやっている学校は、甲子園に出場している強豪校でもあまりないかもしれない。難しい技術だが、毎日練習をすればできるようになる。

歴代の横浜でいえば、松坂の代や涌井の代など、9人全員ができたのは数チームほどしかない。「走者一塁」を得点に結びつけられるチームは強い。

ギャンブルスタート

最近はプロ野球でも用いるようになった「ギャンブルスタート」(バットに当たった瞬間、走者が打球に関係なくスタートを切るプレー)。横浜高では20年も前からやっている。

ポイントは三塁走者。打者が打つかどうかを的確に判断するのはもちろん、相手投手の球種も見極めるよう指導している。横に曲がるスライダーは球種を判断しにくいが、落ちる球は走者から見える。

落ちる球はまた、いい当たりになることが少なく、ゴロになりやすい。だから、投手の球が落ちたり、低かったら、走者は打者が打つか打たないかのタイミングで「ゴー」。こうすれば、より早いタイミングでスタートを切れる。成功する確率も上がる。

　また、「ギャンブルスタート」は中軸より下位打線で仕掛けるほうがよりいい。中軸だとライナーがあるから、戻れずに併殺になりやすい。一方、下位打線ではゴロの凡打が多い。走者は打者の技量もしっかり把握しておく必要がある。

　よく「犠飛で1点」と言うが、外野フライを狙って打つのは難しい。凡打、内野ゴロで1点を取る野球ができないと勝てない。サインはあるが、1点勝負なら走者の判断で「ギャンブルスタート」を敢行することも横浜ではある。

　ギャンブルスタートに近いものもある。三塁走者は捕手を注視する。右打者の時、内角に構えたら背中越しに見えるが、外角に構えると打者と重なって捕手は隠れる。捕手がアウトコースに構えたと分かれば、走者は早めにスタートを切っていい。投手より右側（一塁側）に打球が飛べば、たとえライナーでも帰塁できるチャンスが増える。一塁手や二塁手から三塁へ転送されるなら送球の距離が少し長いからだ。

選手には「半年先にできればいい」と言っている。一朝一夕ではできない走塁でも、毎日訓練することが大事なのだ。

バッティングの基本

走塁と違い、バッティングは天性のもの。そう考えている人がいるかもしれないが、それは大間違いだ。

特大のホームランを放つようにさせるのは難しいが、訓練しだいで、巧打のバッターにはなれる。

まずは基本から。

右打者なら右手で、当たる瞬間に球を捕る感覚でバットを握る。これが基本だ。

最近はイチローの影響で右投げ左打ちの選手が多い。つくられた左打者は左手が利き手ではないため、器用さに欠けるところがある。

それだけではない。打球は利き腕で押し込んだほうが飛ぶため、右利きの左打者には総じて長距離打者も少ない。

プロの理論でいえば、ギリギリまで球を引き付けて身体の回転で打てば、打球は速くなり、遠くへも飛ぶ。しかし、このプロ理論が高校野球に浸透し過ぎて「引き付けて打て」と誤解して教えている指導者が実に多い。また、新聞などで読んで知識だけは一人前の選手もしかりだ。

はっきり言うと、これは間違い。高校生のポイントは、ある程度前にするべきなのだ。

プロと高校生では腕力などの体力、身体の回転力など、全ての力が大きく違う。非力な高校生が無理に引き付けようとすれば、差し込まれて詰まってしまうのは当たり前。トップの位置からバットを使える距離が短くなるから、打球は飛ばない。「引き付けて打つ」プロの理論は、ヤンキース・田中将大のスプリットのような、低めの変化球を見極めなければならないプロの打者なら必須だろう。しかし、あんな切れ味鋭い縦の変化球を投げる高校生はいない。

「外角打ち」の大切さ

打者が打席に入る時、必ず頭に入れておかなければならないことがある。

投球のコースには傾向があるということだ。プロでもアマチュアでも、「外角75%」「内角25%」。4球中3球が外なのだ。直球と変化球という球種の違いこそあれど、コースでいうとだいたいこの割合。外角球を打てない選手は活躍できないのに、打ち方を知らない、打とうとしない選手が増えている。

わかりやすいように、右打者の場合で解説しよう。

まず、右ヒジを右腰にぶつけながら、バットを内側から外に出して両手を伸ばす。この時、グリップエンドよりバットのヘッドを先に出してはいけない。ヘッドを残して手をボールに当てにいくくらいの感覚で、グリップを先に出す。身体ごと前に踏み込むと、目線がぶれるからダメ。ゴルフでいう「ハンドファースト」。これが基本だ。横浜では「外角打ちの日」を決めて集中的に練習している。それくらい重要な打ち方なのだ。

上半身の使い方に続き、大事なのは軸足となる右足のかかと。打つ瞬間、かかとはただ垂直に上げて下ろすだけにする。つまり、ベタ足で足首は回さないのが重要なのだ。

やってみれば分かるが、普通に振れば足首は回ってしまう。アウトコースの球に足首が回ればドアスイングになって力が伝わらない。グッと我慢することだ。

難しいのは「内角」。外角とは逆に、右足首をポーンと回してやる。内角にヤマを張るなら、足の構え方を工夫する方法もある。右足のかかとを3〜4センチほど捕手寄りにずらしてみるのだ。つまり、内股のような感じで待つとインコースに対応しやすくなる。ただ、内角の厳しいコースの140キロ台の速球をさばくのは高校生には容易ではない。外角の甘い球を確実に打てるように練習したほうが、打率は上がる。

外角・内角に限らず、バッティングにはいくつもポイントがあって、常日頃から意識するように訓練していれば、必ず上達する。

まずは、配球を読むこと。自身の前の打席、前の打者など、投球のさまざまな傾向を見て狙い球を絞るのだ。たとえば、二死走者なしの際の初球は、変化球で簡単にストライクを取ってくることが多い。打者は初球の甘い変化球は確実にはね返すという心構えが必要だ。

状況を考え、内を引っ張る、外を流す、中堅方向へ素直に打つなど、打球の方向をある程度決めておくことも大切だ。

左打者で走者一塁なら、まず内角には来ない。引っ張られて右前に打たれれば一、三塁になってしまうからだ。これを知っていれば、打者は外寄りの球を狙うべきだと分かる。

練習試合ではこれらのことを頭に入れて臨むこと。「今日は引っ張らない」、「変化球だけを打つ」「ヒザから下の低めの変化球を見極める」など。各自が課題を持って臨まないと意味がないのに、横浜の選手たちでさえ年々できなくなっている。

本来は練習試合が一番効果があるのだが、打撃練習に時間を割くことになり、試合数を減らさざるを得ないのが現状だ。

「坂本打法」への疑問

2014年の9月に北大津と弘前学院聖愛に臨時コーチとして招かれ、実戦で役立つプレーを教えた。両校は滋賀1位、青森1位で2015年のセンバツへとつながる近畿大会、東北大会に出場した。私も携わった甲斐があるというものだ。2校とも質問が多く、意識が高いと感じた。半面、気になることもあった。

ある中軸選手が、巨人の坂本勇人のように大上段の構えから打っていた。注意したが、坂本打法にこだわりがあるという。そういえば横浜にもいた。最近の高校生は坂本の打ち方をマネする選手が非常に多い。しかし、高い位置から振りにいけば、バットを一度下げてからスイングすることになる。ムダな動きがあるから速球に差し込まれる。

タイトルを取ったことがある坂本が、ここ2年苦しんでいるのは、この構えが原因のひとつに見える。アマチュア選手には到底すすめられない打ち方だ。

バントができなければ勝てない

メジャーリーグの影響で、最近は「点差が開いているのに、バントなんてけしからん」と言う人がいるが、それは違う。バントは負けたら終わりの高校野球では「できない選手は使えない」というくらい大事な作戦だ。チームとして10度試みて9度成功するくらいでないと勝ち上がるのは難しい。点差があっても1点を取るために犠打で送る。一気に大量失点ということが起きる場所、それが甲子園なのだ。

ヘタな選手は恐怖心があるからヘッピリ腰なことが多い。これを克服する練習法がある。捕手用のマスク、プロテクターを着けてホームベースの上に立って前を向き、バットの両端を持ってバントをしてみるのだ。空振りすると身体を直撃するから怖いだろう。だが、120キロ程度の球速で防具を着けていればケガはしない。

最近はこんな世の中だから、ほとんどやらなくなったが、慣れれば恐怖心がなくなる効果的な練習だ。

バントの構えをして、バットの代わりにキャッチャーミットを持ってみるのもいい。ミットを手にはめず、土手の部分を持って指の部分にボールを当てる。バットの面で当てる感覚、打球の殺し方のコツがつかめる。

転がすコースは一塁側が基本ではあるが、一塁側は暴投などのエラーが期待できない。三塁側だと二塁で刺される確率は上がるものの、三塁手の暴投、左投手が捕れば、一塁送球時に後ろ向きに回転するため、送球がライト側へそれることが多い。リスクはあるが、オールセーフでチャンスが広がる可能性もある。三塁手のポジション、場面などを考えて、転がす方向を決める。

バントで一番難しいのは内角高めの速球系。飛球になりやすいから注意が必要だ。横浜はノーストライクの時に限って見逃していいことにしている。ただし、ストライクだと走者がいいスタートを切ろうとして飛び出すことがあるから、「ストライクでもインハイの直球は見逃す」と両者で申し合わせて、練習もしておくこと。

1ストライク以降なら、インハイを転がすしかない。フライにならないよう、絶対にバットの上っ面に当てないこと。芯に近くてもいいから下に当てる。多少打球が速くなっても、コースを意識して投手の正面は避けることだ。

バントの際、バットに当てるポイントは、右手から上に20センチ、先端から下に10センチの間。打つ時の芯からはかなり先っぽのほうに感じるだろうが、ここがバントの「芯」だ。

バントは「自信」が全て。打撃は10回中3回打てば好打者だから、凡打でもそれほど気にはならない。しかし、バントは10回やって2回失敗すれば、その選手は自信を喪失するだろう。「オレはヘタだ」と思えば、次も失敗する。緊迫した場面で打席に立った時、「オレはうまいんだ」と思えるか。ここぞの場面で送りバントを決めたければ、自信を持てるまで練習するしかない。

スクイズ

では、「スクイズ」の際、打者の心構えはどうあるべきか。スクイズは、右投手のほうが難しい。三塁への牽制で出方を探ってくるからだ。スクイズと見破られないため、打者は右手と左手を離さずしっかりグリップにつけて構えること。投手が左足を上げて三塁へ牽制をした時、打者が少しでもバントの構えを見せれば、捕手が動きを察知し、外してくるだろう。スクイズのサインは取り消すしかない。痛いミスだ。打者は投手の左足がついた後に構えるのだが、レギュラークラスでもこれができない選手がいる。

逆にスクイズがありうる場面でサインが出ていない場合は、牽制に合わせ、あえて少しだけ構えを見せてもいい。バッテリーが警戒し、ウエストしてくれれば、ボール球が1つ稼げるのだ。

実際にスクイズをする時の心構えはできているか。低めのボールは、右打者なら右ヒザを「地面につける」くらいの気持ちでバントをする。ヒザがつけば一塁へのスタートは遅れるが、転がして三塁走者を生還させることが大前提。これくらい体勢を低くしないと、低めはうまく転がせない。

高めのボールなら、バットを「立てる」のがコツ。実は通常のバントのようにバットを寝かせて高めを当てにいくと、飛球になることが多い。スクイズで痛恨なのは、フライを上げて併殺になることと、空振りして三塁走者が憤死すること。最悪ファウルでもいい。バットを立てて何としてでも当てることだ。

走塁時の「ダブルタッチアップ」も指導している。無死か一死二、三塁で外野の定位置付近に打球が飛んだ場合、三走は本塁へタッチアップ。しかし、いい返球がきて三塁ベースから5〜6メートルほど行った所で引き返すことがある。二走はすでに三塁に到達してしまっていてアウト、ではダメ。三走の動きを注視し、本塁へ突入したことを確認してから、ゆっくりスタートを切っても十分に間に合う。特に右翼定位置への飛球で、三走が三塁に戻り、改めてスタートを切るときは腕を回すと決めておくと二走が判断に迷わなくなる。このプレーは引退の2〜3年前に思いついた。
一、二塁だとまた違う。無死か一死で右翼への飛球なら二走はタッチアップ。だが、一走は無理をしてはいけない。捕球したライトが三塁への送球を諦め二塁に投げてくれれば、距離が近いため100%近くアウトになってしまう。

バスター

成功すれば効果的だが、簡単には決まらない作戦として「バスター」がある。

犠打が予想される無死一塁などで、送りバントと決めつけて三塁手がかなり前進してくるケース。こんな時、正直に三塁手の前へバントを転がすなんて愚の骨頂だ。横浜ではカウントがノーストライクなら1球エバース（見送り）し、再度ベンチのサインを仰ぐか、送りバントのサインが出ていても、各自の判断で「打っていい」と決めている。

バスターをする上で、重要なのは次の2点だ。

①上から叩かない

バスターは送りバントの何倍も難しい。練習を重ねておかないと、フライを打ち上げてあっさり一死を取られるのが関の山。バスターにも基本がある。

走者を進めることが目的だから、転がすことが必須。そのため、上から叩きつけようとする打者が多い。しかし、バットを振り下ろすと、ボールの下にバットが入りやすい。切ってしまってポップフライになってしまうのだ。ボールの上っ面を普通に打つといい。

守備陣にバントだと思わせるのに有効なのは、両足を揃えて投手側に身体の正面を向ける。つまり正対してバントの構えをすること。投手が足を下ろした瞬間、右打者なら左足を踏み出して打ちにいけば十分間に合う。

②「コック」が大事

バントの構えから引く動作の中で、叩きつけようとバッティングのトップの位置まで振り上げる選手がいるが、バックスイングを大きく取ってはダメ。捕手のマスクにバットの先端を当てるくらいのつもりでいい。ただ、これでは強い打球にはならない。大事なのは「手首」。バントの構えから「コック」を使ってバットを引けば強く振れる。つまり、右打者なら右手を手の甲側に曲げ、手首を返す反動で振るのだ。リストが利いて打球が速くなる。

単に転がせばいいというものではない。打ってはいけないコースがある。併殺の確率が高い投手前と二遊間寄りのショートゴロは避ける。外角の球を普通に打つと、そこへ飛びやすい。

バットのグリップを支点にして、ヘッドを先に返すと引っ張ることができる。こねる感覚だ。逆にグリップを出してヘッドを遅らせて振ると逆方向へ飛ぶ。意識してセンターラインへ打たないようにすることだ。

成功すれば相手に大きなダメージを与え、試合の流れを呼び込むことができる。周到な準備が必要だ。

1試合4打席として打者が自由に打てるのは2打席ほど。残りの2回は走者がいて状況判断しながら打つことになる。フリー打撃をやるなら、100球中30球はバスターやエンドランなどを想定して打って欲しい。横浜の選手には口を酸っぱくして言っていたが、重要性を理解していないから、なかなか試合で成功しない。

私がいくら口うるさく指導しても、実際にプレーするのは選手たち自身だ。日々の練習から選手が自分たちの頭で考えていなければ、チームは強くならない。場面に応じて様々な判断を求められるからこそ、野球は難しい。しかしだからこそ、面白いのだ。

あとがき

私が横浜高校を去った後、2015年夏を最後に、盟友の渡辺監督が退任することになりました。後任は横浜OBで、私の教え子でもある平田徹部長が務めてくれます。

渡辺が体調を崩して入院していた同年5月、病院へ見舞いに行ってきました。本人は「ここで放り投げることはできない。体調が回復したらグラウンドに出る」と気丈でしたが、二人三脚で歩んできた私がチームを去ったことで、さまざまな負担が増えていたのでしょう。

とはいえ、渡辺を頼りに入学した選手もいます。今後は終身名誉監督の立場で指導に携わるとのことです。

袂を分かったこともありましたが、相棒が渡辺でなければ、私の高校野球指導者人生はとっくに終わっていました。春夏合わせて5度の全国制覇。お疲れさま、と言いたい。最後の夏、渡辺が完全燃焼できるよう、力になれることがあれば協力したいと思っています。

涌井、成瀬、筒香……。プロで活躍するOBたちのことも気になります。その中でも、ソフトバンクで苦闘する松坂が最も心配です。

2015年春、ソフトバンクが宮崎でキャンプインした頃、松坂を激励したいと思い、電話をしたことがありました。

「宮崎に見に行くよ」

「来てください！」

松坂はこう言ってくれたものの、ちょっとしたフィーバーになっているようで躊躇し、結局行けませんでした。当初は報道陣が100人近く張り付き、ファンにももみくちゃにされているようでしたから。

松坂は高校時代からフィーバーには慣れている。注目されて夜も眠れない、なんてタマではないことは私が一番知っていますから、そこは心配していません。ただ、肝心の投球のデキが悪い。

　ブルペンでフォーム固めに取り組んでいる様子を見る限り、投げる時に顔が上を向いてしまっています。テークバックに入る過程で両手を広げた時、右肩も下がっている。メジャー時代の悪い松坂のままです。左足を上げようかという段階ですでに右肩が落ちている。これでは球持ちが悪くなります。


　キャンプの最初の休日に、チームメートの内川聖一や中田賢一らとゴルフをやったと言っていました。ゴルフは松坂の独壇場です。オフに松坂と一緒にラウンドすると、ドライバーの飛距離は常時320〜330ヤード。時には350ヤード近く飛ばします。100ヤードも置いていかれては勝負になりません。

　人懐っこい性格だから、新天地にすぐに馴染めたようです。高校時代も「オレが松坂だ」と偉ぶることもなく、レギュラーより控え選手と仲良くしていたのを思い出します。

悩んでいるのは、とにかく投球フォームでしょう。米国時代に染み付いた悪い癖がなかなか抜けない。試行錯誤を重ねているうちに右肩筋疲労で離脱してしまいました。

同じように「メジャー帰り」の黒田博樹と比べてみると、その差は一目瞭然です。黒田のフォームは実にスムーズ。黒田は「自信がない」とよくコメントしていますが、本当のところは自信があるのではないかと思います。

上宮高校（大阪）時代、黒田は控え投手でした。入学当初はコーチを務めていた田中秀昌監督（現近大監督）とは親交があるので聞いてみると、「高校時代は身体ができていなかった」と話していました。甲子園春夏連覇で日本中の注目を浴び、フィーバーが社会現象となった松坂とは正反対です。

黒田にしてみれば、振り返りたくない高校時代でしょう。それでも「メジャー時代もオフのたびに顔を出してくれた。本当に律義な男です」と田中監督は感心していました。松坂は米国に渡って以来、とんと音沙汰がなかったから、少しうらやましくも感じました。

黒田は1年契約。引退を覚悟して広島に戻ってきました。一方、松坂は3年契約。その覚悟にも差があったように感じます。

そうは言っても、私にとって松坂は特別な教え子。完全復活を心から願っています。

高校野球の指導者仲間に「本を出してくれ」とよく言われていました。

２０１４年冬、出版元の講談社から話をもらったことで、それが現実となりました。

いかにチームを強くするか。そればかり考えてきた私一人では、どうしても野球の技術論ばかりになりがちです。それを日刊現代の連載「鬼の遺言」時代から「取材・構成」を手掛けてくれている増田和史さんが、読みやすく磨いてくれました。高校野球の指導者だけでなく、幅広い層の読者に楽しんでもらえる本に仕上がったと思います。

他にも、写真を提供してくれた日刊現代の高野宏治さん、連載のデスク作業を担当してくれた同社の森本啓士さん、この本の出版に携わった講談社の関係者のみなさまに、深くお礼を申し上げます。

２０１５年初夏　小倉清一郎

小倉さんほど、野球を知り尽くした人はいない

松坂大輔
（福岡ソフトバンクホークス）

もし小倉清一郎さんに出会わなかったら、松坂大輔というピッチャーが世に出ることはなかったかもしれません。

初めて会ったのは、ボクが中学生で、江戸川南シニアというチームに所属していたところ。話した内容は覚えていないのですが、あの風貌ですから、すごく印象に残っています。小倉さんはそのころからボクに目を付けていたというのですが、そんなことは全然知りませんでした。

横浜高校入学後も、ほかに期待されて入ってきた同級生の投手がいたし、自分ではバッターとしてプロ入りしたいと思っていたくらいです。しかし、小倉さんはボ

クのピッチャーとしての才能をさまざまな方法で伸ばしてくれました。

「特別扱い」というのか、ほかの1年生と比べて、倍じゃきかないくらいの量の練習をやらされましたね。入学したばかりのころから、全体練習後にいきなり3年生のエースと同じ練習に参加するよう言われました。この前まで中学生だったボクと、3年生では体力もずいぶん違います。ついていくのがやっとで、夏までは体力的に本当につらかった。

特にキツかったのは「アメリカンノック」。小倉さんはノックが上手くて、捕れるか捕れないかの常にギリギリのところに打球を上げる。それで走らせる。いろいろな種類のノックが組み合わさっていて、飽きることはないんですが、いつまでたっても終わらないので、「なんでボクだけこんなにやらなきゃいけないんですか」と訊いたこともあります。小倉さんから返ってきた言葉は「おまえのことが好きだからだよ」。そんなこと言われても……嬉しくないですよね（笑）。確か、「ボクは好きじゃないです」と言い返したはずです。

2年生の夏は背番号1をつけてマウンドに上がりましたが、神奈川県大会準決勝で横浜商業にサヨナラ負け。ボクの暴投が原因で、甲子園に行けませんでした。

3年生が引退し、新チームになってからの夏合宿はいまでも忘れることができません。小倉さんはボクのためにさらにキツいスペシャルメニューを用意していました。1年生のころは、「なんでオレだけ」という思いがどこかにあったのですが、直前に悔しい敗戦を経験したことで、それが消えてなくなりました。「おまえがチームの柱にならないとチームは強くならない」と小倉さんに言われ、自分自身も「これまで以上の練習をしないと甲子園には行けない」と。その時点で、「やらされている」という意識は完全になくなっていました。

秋の神奈川県大会では、自分のボールが変わったことがはっきりわかりました。球速が上がって、相手のバッターからも、「打てるわけがない」という雰囲気を感じられるようになりました。「自分の投球をすれば打たれない」という自信があるので、ほとんどバッターと勝負はしていなかったですね。する必要がなかったというか。

練習は相変わらずキツかったですし、同級生はみなバテていましたが、ボク自身は1年生の頃から2倍、3倍やらされてきたおかげで余裕がありました。やっぱりやってよかったなと。おそらく、松坂大輔というピッチャーの土台がそこでできあがったのだと思います。

1998年のセンバツ大会で優勝しても、小倉さんは「おまえはもっとよくなる。まだまだやらせたいことがある」と言うだけで、結局夏の甲子園で優勝するまで一度も褒めてもらったことはありませんでした。自分では褒められて伸びるタイプだと思っていたんですけどね（笑）。

この本でも触れられていますが、小倉さんの洞察力、分析力は本当に凄かった。高校生のときはほかのチームのことを知らないですから、詳細な「小倉メモ」（p52参照）は当たり前のように思っていたのですが、その後プロ入りしてミーティングに出て、改めてその凄さを実感しました。明らかに「小倉メモ」のほうがデータ量が多かったですから。

小倉さんは配球の傾向や相手の癖を見抜く眼力も抜群でした。試合中に、「2球続けて牽制はない」とか、「ここはホームにしか投げてこない」とか、予想したことがピタピタ当たるので、選手はみんな、信じ切っていました。小倉さんに、野球の見方を教えてもらいました。

小倉さんには、意味のない練習はさせないという考えがあったと思います。やらされているだけの練習と、自分で意味を理解してやる練習とでは、とんでもない差になります。いつも「おまえらは何も考えてないだろう」と言われていたし、簡単には答えをくれないので、選手だけで何度も何度も話し合い、ときには練習メニューも自分たちで作ったりして、考えて野球をする習慣がつきました。

フィールディングも、小倉さんに教わったことの一つです。「プロに入ったら守備が自分を助けてくれるぞ」と言われ、徹底的に鍛えられました。プロ入り後、バント守備や牽制で苦労するピッチャーがいるのですが、ボクはむしろ大きな武器になりました。

小倉さんには、いくら感謝しても感謝しきれません。

本書は二〇一五年七月に小社より刊行された『参謀の甲子園　横浜高校　常勝の「虎ノ巻」』に加筆・修正したものです。

小倉清一郎－1944年、神奈川県横浜市生まれ。横浜高校卒業後、東京農大、社会人野球を経て、'73年に東海大一高野球部コーチに。'77年から横浜高校野球部監督、'78年から横浜商業コーチ。'90年から2014年まで、横浜高校のコーチ、部長を歴任。
独自のメソッドと徹底した分析力で松坂、涌井、成瀬らを育てた高校野球史に残る名将。高校野球指導歴は通算41年。甲子園出場春夏通算32回、うち優勝3回。

講談社＋α文庫 参謀《さんぼう》の甲子園《こうしえん》
――横浜高校　常勝の「虎ノ巻」
小倉清一郎《おぐらきよいちろう》
©Kiyoichiro Ogura 2017

本書のコピー、スキャン、デジタル化等の無断複製は著作権法上での例外を除き禁じられています。本書を代行業者等の第三者に依頼してスキャンやデジタル化することは、たとえ個人や家庭内の利用でも著作権法違反です。

2017年5月18日第1刷発行

発行者――――鈴木 哲
発行所――――株式会社 講談社
東京都文京区音羽2-12-21 〒112-8001
電話 編集(03)5395-3522
販売(03)5395-4415
業務(03)5395-3615
デザイン――――鈴木成一デザイン室
印刷――――凸版印刷株式会社
製本――――株式会社国宝社

落丁本・乱丁本は購入書店名を明記のうえ、小社業務あてにお送りください。
送料は小社負担にてお取り替えします。
なお、この本の内容についてのお問い合わせは
第一事業局企画部「＋α文庫」あてにお願いいたします。
Printed in Japan ISBN978-4-06-281719-6
定価はカバーに表示してあります。

講談社+α文庫 Ⓖビジネス・ノンフィクション

証言 零戦 生存率二割の戦場を生き抜いた男たち　神立尚紀
無謀な開戦から過酷な最前線で戦い続け、生き延びた零戦搭乗員たちが語る魂の言葉　860円 G 296-1

＊紀州のドン・ファン 美女4000人に30億円を貢いだ男　野崎幸助
50歳下の愛人に大金を持ち逃げされた大富豪。戦後、裸一貫から成り上がった人生を綴る　780円 G 297-1

＊政争家・三木武夫 田中角栄を殺した男　倉山満
政治ってのは、こうやるんだ！「クリーン三木」の実像は想像を絶する政争の怪物だった　630円 G 298-1

ピストルと荊冠 〈被差別〉と〈暴力〉で大阪を背負った男・小西邦彦　角岡伸彦
ヤクザと部落解放運動活動家の二足のわらじをはいた〝極道支部長〟小西邦彦伝　740円 G 299-1

テロルの真犯人 日本を変えようとするものの正体　加藤紘一
なぜ自宅が焼き討ちに遭ったのか？「最強最良のリベラル」が遺した予言の書　700円 G 300-1

＊院内刑事　濱嘉之
ニューヒーロー誕生！患者の生命と院内の平和を守る院内刑事が、財務相を狙う陰謀に挑む　630円 G 301-1

田舎のパン屋が見つけた「腐る経済」 タルマーリー発、新しい働き方と暮らし　渡邉格
マルクスと天然麹菌に導かれ、「田舎のパン屋」へ。働く人と地域に還元する経済の実践　790円 G 302-1

「オルグ」の鬼 労働組合は誰のためのものか　二宮誠
労働運動ひと筋40年、伝説のオルガナイザーが「労働組合」の表と裏を本音で綴った　780円 G 303-1

＊裏切りと嫉妬の「自民党抗争史」　浅川博忠
角福戦争、角栄と竹下、YKKと小沢など、40年間の取材メモを元に描く人間ドラマ　750円 G 304-1

参謀の甲子園 横浜高校 常勝の「虎ノ巻」　小倉清一郎
横浜高校野球部を全国屈指の名門に育て上げた指導法と、緻密な分析に基づく「小倉メモ」　720円 G 305-1

＊印は書き下ろし・オリジナル作品
表示価格はすべて本体価格（税別）です。本体価格は変更することがあります